Spanish

Beginner level
Revision & Practice

Includes:

- Exercises
- Revision charts
- Useful Spanish & English reversible flashcards with everyday needs expressions
- Reversible flashcards per topic in both languages and a game board

www.howtounlockspanish.com

Copyright © **2019** Iciar de Yraola

Todos los derechos reservados./All rights reserved

ISBN:9781081558390

HOW TO USE THIS BOOK

This book helps students to revise and practice the Spanish language following different paths, depending on the student's learning style:

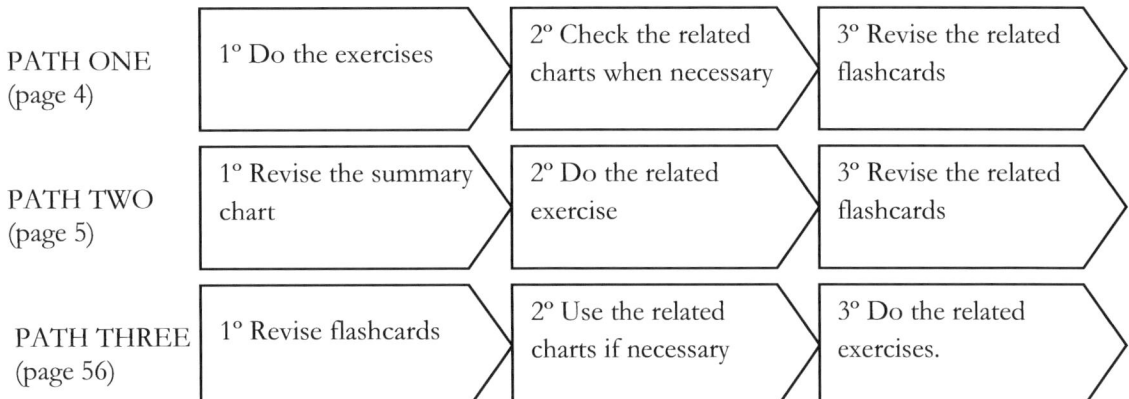

WHAT MAY WORK?

- <u>Summary charts</u> of a topic or grammar issue for revision and consultation purposes.
- <u>Flashcards by topic</u> will help to revise and classify in different decks the vocabulary/issues we do know from the ones we need to work on. The flascards are available in this book only need to be cut off.
- When Spanish and English speakers are studying together, <u>reversible (two-sided) flashcards</u> are useful

STRUCTURE

- <u>Section 0</u>: Index explaining how each part of the book is related and useful in each topic, organised by each of the paths.
- <u>Section 1</u>: Exercises to practice and check your knowledge. (Answers included in section 6).
- <u>Section 2, 3, 4</u>: Useful charts for consultation and revision (verbs, vocabulary by topic, etc.).
- <u>Section 5</u>: Flashcards that can be cut and used to check and memorise vocabulary. Game board to be used together with the flashcards
- <u>Section 6</u>: Answers.

LEVEL AND CONTENT

This book is level "<u>A1</u>" on the Common European Framework of Reference (CEFR).
This book is also very useful for KS3 and basic Spanish revision preGSCE level to check vocabulary and expressions taught before year 11.

- <u>Vocabulary</u>: numbers and dates, family, daily routine, the weather, physical and character description, clothes, rooms of the house, furniture, food, parts of the body, illness, colours and other adjectives.
- <u>Grammar</u>: present tense, reflexive verbs, ser-estar-tener verbs, articles (the, a/an, este/ese, possesives mi/tu….), comparatives and superlatives, "gustar" and similar verbs.
- <u>Useful expressions in everyday life and travel</u>: going shopping, to the movies, traveling, etc.

LEARNING PATH ONE: EXERCISES INDEX

You can check which charts and flashcards are related to each exercise section and revise them before you complete the exercises.

EXERCISES	SUMMARY CHARTS	FLASHCARDS	PAGES
1.1.: Practice the regular present tense	2.1. Present tense verbs 2.3. Verbs of movement 2.4. Verbs of daily routine	5.8. Daily routine	6
1.2.: Practice the regular present tense, reflexive verbs and daily routine	2.1. Present tense verbs 2.4. Verbs of daily routine	5.8. Daily routine	10
1.3.: Practice the irregular present tense, verbs type 1	2.1. Present tense verbs	5.8. Daily routine	12
1.4.: Practice the irregular present tense, rcflexive verbs	2.1. Present tense verbs 2.4. Verbs of daily routine	5.8. Daily routine	13
1.5.: Practice the irregular present tense verbs type 3 and 4, including "ser", "estar" and "tener"	2.1. Present tense verbs 2.2. To be: verbs ser, estar & tener	5.9. Ser, estar &tener and where do you live	14
1.6.: Practice the numbers, dates and seasons.	3.1. The numbers and time expressions. 3.2. The time	5.1. Numbers, dates and the time.	18
1.7.: Practice the articles, demonstratives, possessives, ser&estar, cloths.	2.5. Verbs for cloths 3.4. The articles and adjetives 3.6. The colours and main adjectives 4.3. The cloths	5.4.-The cloths.	19
1.8.: Practice the family and related expressions.	4.1. The family.	5.2.-The family.	23
1.9.: Practice "gustar" and similar verbs	2.6. Verbs like "gustar". 4.2. The parts of the body, sicknesses and remedies 4.7. Food vocabulary	5.7.-Parts of the body, it hurts. 5.10. The food.	24
1.10.: Practice the weather.	3.1. Numbers and time expressions. 3.3. The weather.	5.3.-The weather	27
1.11. Practice the rooms of the house.	4.4. The rooms of a house	5.5.-The rooms in the house	28
1.12. Practice the furniture and where things are.	3.7. Prepositions of where things are. 4.5. The furniture.	5.6.-Furniture. . (includes prepositions of where things are).	29
1.13. Practice where do you live.	4.8. Where do you live	5.9. Ser, estar &tener and where do you live	30
1.14. Practice the physical and character description and the comparatives and superlatives.	3.8. Comparatives and superlatives 4.6. Physical description 4.9. Character description	5.11. Physical and character description, comparisons and superlatives	31
USE THE FLASHCARDS 5.12. TO PRACTICE	3.5. Interrogative pronouns and main questions. 4.10. Useful expressions in real life.	5.12. Useful expressions	N.A.

LEARNING PATH TWO: CHARTS INDEX

You can check which exercises and flashcards are related to each chart and practice with them.

SUMMARY CHARTS	EXERCISES	FLASHCARDS	PAGE
2.1. Present tense verbs	1.1., 1.2., 1.3., 1.4., 1.5.	5.8. Daily routine 5.9. Ser, estar &tener	32
2.2. To be: verbs ser, estar & tener	1.5.	5.9. Ser, estar &tener and where do you live	33
2.3. Verbs of movement	1.1.	5.8. Daily routine	34
2.4. Verbs of daily routine	1.1., 1.2., 1.4.	5.8. Daily routine	34
2.5. Verbs of cloths	1.7.	5.4.-The cloths.	35
2.6. Verbs like "gustar".	1.9.	5.7.-Parts of the body, it hurts. 5.10. The food.	35
3.1. The numbers and time expressions.	1.6., 1.10.	5.1. Numbers, dates and the time. 5.3.-The weather	36
3.2. The time	1.6.	5.1. Numbers, dates and the time.	37
3.3. The weather.	1.10.	5.3.-The weather	37
3.4. The articles and adjectives	1.7.	5.4.-The cloths.	38
3.5 Interrogative pronouns and main questions.		5.12. Useful expressions.	39
3.6. The colours and main adjectives	1.7.	5.4.-The cloths.	40
3.7. Prepositions of where things are.	1.12.	5.6.-Furniture (includes prepositions of where things are).	41
3.8. Comparatives and superlatives	1.14.	5.11. Physical and character description, comparisons and superlatives	42
4.1. The family.	1.8.	5.2.-The family.	43
4.2. The parts of the body, sicknesses and remedies	1.9.	5.7.-Parts of the body, it hurts. 5.10. The food.	44
4.3. The cloths	1.7.	5.4.-The cloths.	45
4.4. The rooms of a house	1.11.	5.5.-The rooms in the house	47
4.5. The furniture.	1.12.	5.6.-Furniture (includes prepositions of where things are).	48
4.6. Physical description	1.14.	5.11. Physical and character description, comparisons and superlatives	49
4.7. Food vocabulary	1.9.	5.10. The food.	50
4.8. Where do you live	1.13.	5.9. Ser, estar &tener and where do you live	52
4.9. Character description	1.14.	5.11. Physical and character description, comparisons and superlatives	52
4.10. Useful expressions in real life	PRACTICE WITH THE FLASCARDS	5.12. Useful expressions	53

SECTION 1: EXERCISE 1.1.: PRACTICE THE REGULAR PRESENT TENSE

Check the chart 2.1. to revise the present. Only focus on the regular verbs table at the beginning of the chart.

1. Complete the following conjugations:

	TOMAR (to take)	COMER (to eat)	BEBER (to drink)	VIVIR (to live)
Yo				
Tú				
Él/ella/usted				
Nosotros/as				
Vosotros/as				
Ellos/ellas/ustedes				

2. What does the "YO" form of the AR, ER and IR verbs have in common?

   _____

3. What do the "ER" and "IR" forms of the verbs have in common?

   _____

4. What is "usted" and "ustedes"?

   _____

5. "Usted" uses the same endings as _____ and "ustedes" uses the same endings as _____ Although is addressed to "you".

6. Change these verbs to use the correct form, and learn what they mean:

   6.1. Mi hermano y yo _____ en un colegio. (estudiar: to study)

   6.2. Yo _____ español. (aprender: to learn)

   6.3. Él _____ inglés. (enseñar: to teach)

7. Circle the correct verb form:
   Ejemplo: Pedro (toma)/tomamos unas manzanas.

- Yo vivir/vivo en Londres.
- Mis padres bebéis/beben mucha agua.
- Tu hermano come/como una hamburguesa.
- Tú tomas/toma un café.
- Ellos beben/bebéis una botella de vino (a bottle of wine).
- Mis abuelos (my greatparents) viven/vivís en España.
- Nosotros vivís/vivimos en Francia.
- Mis amigas beben/comen mucha agua.
- Juan toma/tomas el sol todos los días.
- Mis hermanos siempre beben/bebéis leche.
- ¿Tú bebes/bebe café o té?
- Yo como/comemos mucha fruta (fruit).
- Mi profesor (teacher) toma/toman fotos.
- Tú no comes/come verduras (vegetables).

8. Use the example of "tomar" to write the correct verb and learn the meaning:

Yo _____
Tú _____
Él/ella/usted _____
Nosotros/as _____
Vosotros/as _____
Ellos/ellas/ustedes _____

Verbs to be written:	Infinitive form in english (translation)
Nadamos	To swim
Escucho	To listen
Bailáis	To dance
Montas	To ride
Descansa	To rest
Sacan fotos	To take photos

9. Use the example of "comer" and "vivir" to write the correct verb and learn the meaning:

Yo _____
Tú _____
Él/ella/usted _____
Nosotros/as _____
Vosotros/as _____
Ellos/ellas/ustedes _____

Verbs to be written:	Infinitive form in English (translation)
Leo	To read
Corremos	To run
Escribís	To write
Compartes	To share
Vende	To sell
Creen	To believe

10. Complete the verbs that express having a meal:

	DESAYUNAR (to have breakfast)	COMER (to have luch, to eat)	CENAR (to have dinner)
Yo			
Tú			
Él/ella/usted			
Nosotros/as			
Vosotros/as			
Ellos/ellas/ustedes			

11. Underline the mistakes and write the correct form of the verb:

    11.1. Mis amigos y yo come hamburguesas todos los días. _____

    11.2. Pedro desayunamos a las siete y media._____

    11.3. Cuando viajo a España cena en restaurantes_____

    11.4. María y José, ¿no desayunamos en casa?_____

    11.5. ¿Dónde como tú?_____

    11.6. Vosotros como en el colegio._____

    11.7. Ellos vivís en la ciudad._____

    11.8. Nosotros comes en un restaurante italiano. _____

12. Answer the following questions:

    12.1. ¿Qué comes en el colegio? _____ una hamburguesa con patatas. (Hamburguer with fries).

    12.2. ¿Qué bebes para desayunar? _____ un café con leche. (Latte)

    12.3. ¿Qué desayuna tu padre? _____ una tostada con mantequilla. (Toast and butter).

    12.4. ¿Qué coméis para cenar?_____ pescado con ensalada. (Fish with salad)

    12.5. ¿Qué cenan normalmente? Normalmente _____ una sopa. (a soup).

    12.6. No _____ carne porque soy vegetariano.

    12.7. No _____ gluten porque eres celiaco.

13. Check the verbs of movement in chart 2.3. and complete with the verbs learning their meaning. Choose the verbs in infinitive form from the table bellow and write them down in the correct form.

Choose one of these verbs to complete the following sentences	Estudiar	Entrar	Terminar	Subir	Bajar	Llegar	Llevar
	To study	To go in	To finish	To go up	To go down	To arrive	To wear, to carry

13.1. El tren _____ a Madrid a las 5 de la tarde.

13.2. Yo _____ unos pantalones (pants) azules.

13.3. Ellos _____ las clases a las 6 de la tarde.

13.4. Tú _____ las notas (the marks) porque no _____

13.5. Cuando _____ (you arrive) al restaurante _____ (you go in)

13.6. La película (movie) _____ (starts) en dos horas.

13.7. Vosotros _____ a la primera planta (first floor) pero (but) nosotros _____ a la planta baja (ground floor).

14. Check the verbs of movement in chart 2.3. and complete the following sentences with the correct form and preposition:

14.1. Por las mañanas yo _____ (to go) _____ colegio _____ autobús.

14.2. Por las tardes tú _____ (to come back) _____ casa _____ coche.

14.3. En verano _____ (to go) _____ vacaciones _____ España.

14.4. Cuando _____ (to arrive) _____ casa, meriendo.

14.5. El fin de semana mi hermana _____ (to go out) _____ sus amigos.

14.6. Mi madre _____ (come back) _____ casa _____ trabajo muy tarde.

14.7. Mis abuelos _____ (To travel) _____ Inglaterra _____ Francia a pasar el invierno (winter) y _____ (to come back) _____ Francia _____ Inglaterra en verano (summer).

15. Check the verbs of movement in chart 2.3. and translate:

15.1. He goes up and goes down the stairs. _____

15.2. I go out every Friday with my friends. _____

15.3. You come back home soon (pronto). _____

15.4. We arrive late (tarde) to the airport. _____

SECTION 1: EXERCISE 1.2. PRACTICE THE REGULAR PRESENT TENSE, REFLEXIVE VERBS AND DAILY ROUTINE

Check the chart 2.1. to practice the present. Only focus on the regular verbs chart and the reflexive pronouns at the beginning of the chart. Also check chart 2.4. including the verbs of daily routine.

1. Relate the following reflexive pronouns to "who" they correspond and complete the conjugation of the verb "llamarse" translating each form:

Who	Pronoun	Who
Nosotros	te	Ella
Ellos	nos	Nosotras
Yo	se	Vosotras
Él	os	Tú
Vosotros	se	Ellas
Tú	me	Yo

Who	Llamar"(se)	To be named
Yo	Me llamo	I call myself
Tú		
Él/ella/usted		
Nosotros/as		
Vosotros/as		
Ellos/ellas/ustedes		

2. Most of the verbs describing daily routine actions are reflexive verbs. Some of them are regular and some of them are irregular. Complete the following conjugations to get to know the reflexive regular verbs describing daily rutine actions:

	LEVANTARSE (To get up)	BAÑARSE (to bathe)	DUCHARSE (to shower)	LAVARSE (to wash yourself)	CAMBIARSE (to get changed)
Yo	Me levanto				
Tú					
Él/ella/usted					
Nosotros/as					
Vosotros/as					
Ellos/ellas/ustedes					

	ARREGLARSE (To get ready)	MAQUILLARSE (to put make up on)	AFEITARSE (to shave)	PEINARSE (to comb your hair)	CEPILLARSE (to brush your hair/teeth)
Yo					
Tú					
Él/ella/usted					
Nosotros/as					
Vosotros/as					
Ellos/ellas/ustedes					

3. Complete the words missing:

Pronoun   Verb

3.1. _____   maquillo   3.7. Yo   _____   levanto

3.2. _____   levantamos   3.8. _____   os   ducháis

3.3. _____   laváis   3.9. Ellos   _____   bañan

3.4. _____   cepilla   3.10. _____   nos   afeitamos

3.5. _____   bañáis   3.11. Vosotros/as   _____   maquilláis

3.6. _____   duchan   3.12. Tú   _____   lavas

4. Complete the words missing and relate the reflexive verbs with their translation:

Pronoun   Verb   translation

4.1. _____   levantas   I get up

4.2. _____   levanto   You get up

4.3. _____   levantamos   He gets up

4.4. _____   levantáis   We get up

4.5. _____   levantan   You all get up

4.6. _____   levanta   They get up

SECTION 1: EXERCISE 1.3. PRACTICE THE IRREGULAR PRESENT VERBS TYPE 1

Check the chart 2.1. to practice the present. Focus on the irregulars table type 1.

1. Complete the following conjugations:

	QUERER (to want) e>ie	PODER (to be able to/can) o>ue	PEDIR (to order, to ask for) e>i	ENTENDER (to understand) e>ie (2º e)
Yo				
Tú				
Él/ella/usted				
Nosotros/as				
Vosotros/as				
Ellos/ellas/ustedes				

2. Exercises with "querer":

> We can use **QUERER + infinitive** to say what we want to do.
>
> When two verbs are used together, the second verb is usually in the infinitive form.
>
> I.e. Pedro quiere comer una manzana. (Peter wants to eat an apple)

Translate the following sentences:

- I want to swim in a swimming pool (swimming pool: piscina).
  _____

- She wants to write a card. (card: tarjeta)
  _____

- We want to dance in a disco in Ibiza.
  _____

- You want to ride a horse. (horse: caballo)
  _____

- You all want to sing songs (song: canción)
  _____

- My mother wants to ride a bike (mother: madre, bike: bici)
  _____

- They want to walk in a beautiful park. (beautiful: bonito/bonita)
  _____

Some useful verbs:

Nadar:	To swim
Escribir:	To write
Bailar:	To dance
Cantar:	To sing
Montar:	To ride
Caminar:	To walk

SECTION 1: EXERCISE 1.4. PRACTICE THE IRREGULAR PRESENT REFLEXIVE VERBS

Check the chart 2.1. to practice the present. Focus on the irregular verbs type 1 and 2 and reflexive pronouns and the chart 2.4. about the verbs of the daily routine.

1. Complete the following conjugations:

	DESPERTARSE (to wake up) e>ie (2º e)	VESTIRSE (to get dressed) e>i	ACOSTARSE (to go to bed) o>ue	DORMIRSE (to fall sleep) o>ue	PONERSE (to put on) o>ue
Yo					
Tú					
Él/ella/usted					
Nosotros/as					
Vosotros/as					
Ellos/ellas/ustedes					

2. Rewrite the following passage to say what Amanda usually does:

> "Por la mañana me despierto a las siete, pero me levanto a las siete y media y desayuno. Después me ducho y me lavo los dientes."

Por la mañana se despierta……_____

_____

3. Rewrite the following passage to say what Amanda and her friends do during the day:

> "Nosotros nos acostamos a las nueve de la noche, pero nos dormimos a las diez. Antes, nos ponemos el pijama y cenamos en la cocina. Nos lavamos los dientes por la noche."

Ellos se acuestan……_____

_____

SECTION 1: EXERCISE 1.5. PRACTICE IRREGULAR PRESENT VERBS TYPE 3 AND 4, INCLUDING "SER", "ESTAR" AND "TENER"

Check the chart 2.1. to practice the present. Focus on the irregular verbs table type 3 and 4.

"Ser and estar" is difficult to learn for an English speaker because "ser" and "estar" are both the same verb in English "to be" (am, are…), one verb. English speakers need to learn when to use "ser" and when to use "estar" and that's easier using a unique guideline. Sometimes in Spanish "I am" is translated to "tengo" instead of "soy" or "estoy".

1. Complete the following conjugations

	SER	ESTAR	TENER
Yo			
Tú			
Él/ella/usted			
Nosotros/as			
Vosotros/as			
Ellos/ellas/ustedes			
When to use it **GUIDELINE**	• Expresses "ESSENCE"(describes) • Answers to "what is someone or something like?" • Compares to others	• Indicates the "CIRCUMSTANCE" • Answers to "how?(mood)" or "where?" • Compares to itself some other time	• To have • Sometimes used instead "I am", "you are", "he is.."………

2. Complete with the correct form of the verb "ser" and reflect on the explanation included in brackets:

   a. Yo _____ profesora de español. (Profession defines a person, that's why we use ser)

   b. Nosotros _____ de España. (Where someone is from defines that person, their origin)

   c. Mi padre _____ español. (Where someone is from defines that person, their origin)

   d. ¿De dónde _____? _____ de España. (Where you are from defines you, your origin)

   e. ¿Qué día _____ hoy? Hoy _____ lunes, 30 de abril de 2019. (That day is different compared to any other day).

   f. ¿Qué hora _____? _____ las 3:15 pm. (That time is different to any other time of the day).

g. ¿Cuántos _____ en tu clase? _____ 30 estudiantes. (Every quantity is different to any other).

h. Mi madre _____ muy paciente. (character description defines a person and differenciates them to non patient people, for example)

i. Yo _____ alta y delgada (phisical description: tall and thin).

j. Mi mesa _____ de cristal (material: the table is made of glass, it is defining the table and it is comparing the table, differenciating the table from the plastic tables, comparing to others).

k. Ese libro _____ de mi madre (ownership: the book is my mother's, differentiates it from any other).

3. Complete with the verb "estar" in the correct form and reflect on the explanation included in brackets:

a. Yo _____ en Málaga de vacaciones. (Where you are is a circumstance, does not define you).

b. Él _____ cansado porque trabaja mucho. (To be tired does not define you, it's a circumstance. If someone is always tired, he is a tired person, "ser" would be used: "es una persona cansada").

c. Nosotros _____ comiendo paella. (We use "estar" followed by a verb ending "ando" or "iendo", in English a verb ending in "ing" – present continue tense).

4. Complete with the correct form of the verb "tener" (irregular present tense type 3). Reflect on the explanation:

a. Amanda _____ tres hermanos. (to have, i.e. brothers and sisters).

b. Yo _____ dieciséis años. (Age: edad, ¿cuántos años tienes? means "how old are you?").

c. Nosotros _____ frío. (In Spanish instead of "I'm cold/hot", we say "I have cold/hot").

d. Vosotros _____ hambre. (In Spanish instead of "I'm hungry/thristy", we say "I have hunger/thirst").

e. Tú _____ miedo a las alturas. (In Spanish instead of "I'm scared", we say "tengo miedo").

f. Ellos _____ vergüenza, son tímidos. ("I'm embarrassed").

g. María _____ razón, no está bien. (In Spanish instead of "I'm right", we say "I have right").

h. Usted _____ paciencia. (In Spanish instead of "I'm patient", we say "I have patience").

i. Nosotros_____que ir a comer ahora. ("tener que" means "have to…." and is always followed by the infinitive form of the verb describing the action needed to be carried out).

j. Él _____ que comer porque_____ hambre.

5. Now decide which verb is used for each situation (circle the correct answer), based on the guideline given bellow and what you learnt from exercises 2, 3 and 4.

		SER	ESTAR	TENER
When to use it GUIDELINE		• Expresses "ESSENCE"(describes) • Answers to "what is someone or something like?" • Compares to others	• Indicates the "CIRCUMSTANCE" • Answers to "how? (mood)" or "where?" • Compares to itself some other time	• To have • Sometimes used instead "I am", "you are", "he is.."………
1	Name	Soy Pedro	Estoy Pedro	Tengo Pedro
2	Profession	Yo soy profesora	Yo estoy profesora	Yo tengo profesora
3	Origin	Yo soy de España	Yo estoy de España	Yo tengo de España
4	Nationality	Yo soy española	Yo estoy española	Yo tengo española
5	Describing personality	Yo soy simpática	Yo estoy simpática	Yo tengo simpática
6	Describing phisically	Yo soy morena	Yo estoy morena	Yo tengo morena
7	Quantity	Son cuatro manzanas	Estoy cuatro manzanas	Tengo cuatro manzanas
8	Ownership	El libro es de María.	El libro está de María	El libro tiene de María
9	Relationship	María es mi hermana	María está mi hermana	María tiene mi hermana
10	Material	La mesa es de cristal (glass)	La mesa está de cristal	La mesa tiene de cristal
11	Time	Son las dos y media	Están las dos y media	Tienen las dos y media
12	Date	Es tres de mayo	Está tres de mayo	Tiengo tres de mayo
13	Location	Mi hermana es en Madrid	Mi hermana está en Madrid	Mi hermana tiene en Madrid
14	How? Mood.	Mi hermana es cansada	Mi hermana está cansada	Mi hermana tiene cansada
15	Social status	Mi hermana es casada	Mi hermana está casada	Mi hermana tiene casada
16	With gerund	Mi hermana es comiendo pasta	Mi hermana está comiendo pasta	Mi hermana tiene comiendo pasta
17	To be hungry/thristy	Mi hermana es hambre/sed	Mi hermana está hambre/sed	Mi hermana tiene hambre/sed
18	To be scared	Mi hermana es miedo	Mi hermana está miedo	Mi hermana tiene miedo
19	To be ashamed	Mi hermana es vergüenza	Mi hermana está vergüenza	Mi hermana tiene vergüenza
20	To be cold/hot	Yo soy frío/calor	Yo estoy frío/calor	Yo tengo frío/calor
21	To be patient	Tú eres paciencia	Tú estás paciencia	Tú tienes paciencia
22	To be right	Nosotros somos razón	Nosotros estamos razón	Nosotros tenemos razón
23	To be 15 years old	Soy quince años	Estoy quince años	Tengo quince años
24	To have to+….	Tú eres comer	Tú estás comer	Tú tienes que comer

6. Complete the sentences using the correct form of either "ser", "estar" or "tener":

   6.1. Mi madre _____ de Francia.

   6.2. Yo _____ hambre, _____ que comer.

   6.3. ¿Dónde _____ tú? ¿En Londres?

   6.4. Mi hermano _____ tonto (silly), me habla mal.

   6.5. Mi amiga Amanda _____ rubia y alta.

   6.6. Fumar (to smoke) no es bueno, tú _____ razón.

   6.7. _____ triste (sad), no quiero salir.

   6.8. Yo _____ frío, tú _____ calor.

   6.9. Mis pantalones _____ azules.

   6.10. Mi chaqueta _____ de cuero (leather).

   6.11. Ella _____ mi madre.

   6.12. Pablo nunca _____ miedo, _____ muy valiente (very brave).

7. Translate the following sentences into Spanish:

   7.1. Elena is my sister. _____

   7.2. You are sick (sick=enferma) _____

   7.3. We are afraid of heights (of heights: a las alturas) _____

   7.4. I am from Madrid, but I am in London. _____

   7.5. I am ten years old. _____

   7.6. They are sad (sad: triste/s). _____

   7.7. We are tall. _____

   7.8. I am hungry, I have to eat. _____

   7.9. María is thirsty, she has to drink. _____

   7.10. I am embarrassed _____

SECTION 1. EXERCISE 1.6. PRACTICE THE NUMBERS, DATES AND SEASONS

Check chart 3.1. to revise the numbers.

1. Write the following numbers:

	Cuarenta y tres		Mil trescientos cincuenta
50			Dos mil diecinueve
16			Un millón trescientos cuarenta y tres mil
	Uno		Trecientos tres
5			Cincuenta y cuatro mil trescientos cinco
7		19	
32		101	
500		1.003	

2. Practice the seasons and the months using the words in the box to complete the following sentences:

> veinticuatro – primavera – trescientos sesenta y cinco - catorce – cincuenta y dos - noviembre
>
> año – invierno – diciembre - doce - julio – verano - febrero

   a. _____ es un mes de verano.

   b. En _____ voy a la playa (go to the beach).

   c. Halloween es en el mes de _____

   d. Marzo, abril y mayo son los meses de la _____

   e. Nochebuena (New Years Eve) es el _____ de _____

   f. El día San Valentín es el _____ de _____

   g. Enero es un mes de _____

   h. El _____ tiene _____meses, _____semanas y _____días.

3. Translate the following dates (fechas):

   a. My birthday is the 3rd of January _____

   b. Today is Monday, the 5th of July _____

   c. I was born on the 4th of February of 1973: Nací _____

   d. The party (fiesta) is next Tuesday, 8th of March _____

   e. The first day of the year is the 1st of January _____

   f. I go to Paris next 15th of July _____

SECTION 1: EXERCISE 1.7. PRACTICE THE ARTICLES, DEMOSTRATIVES, POSSESIVES, SER & ESTAR, CLOTHS

Check chart 3.4. to revise the articles and charts 2.5., 3.6. 4.3. to practice the verbs for clothes, the colours and main adjectives and the cloths.

Translate the following. Think if you need to use "ser" or "estar" and if it is "here" or "there"

1. I am here. _____

2. He is there. _____

3. She is here. _____

4. She is there. _____

5. They are here. _____

6. You are there. _____

7. This is a table. _____
   The table is here. _____

8. That is the sun. _____
   The sun is there. _____

9. They are there. _____

10. We are here. _____

11. You are there. _____

Spanish beginner level – Revision & Practice

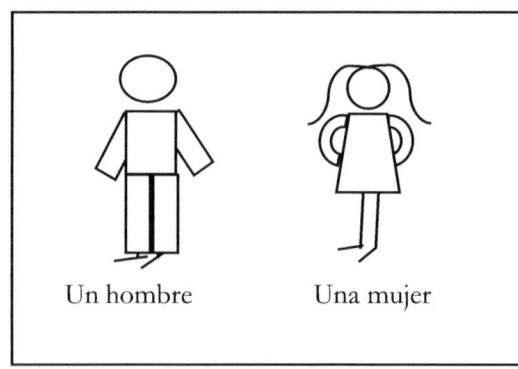

12  This is a man
_____

13 This is a woman
_____

14 That is a man.
_____

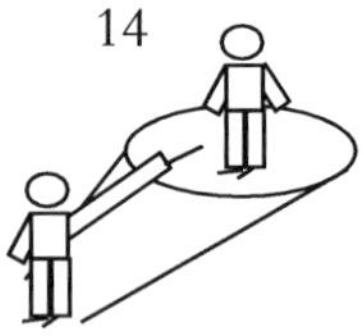

15 This man is here.
_____

16 That man is there.
_____

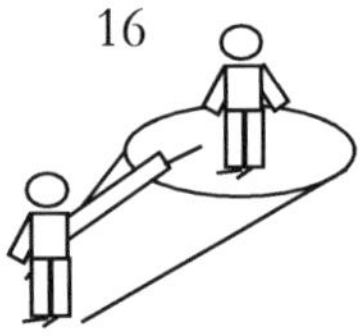

17 This woman is here.
_____

18 That woman is there.
_____

19 This is a hat.
_____
This hat is here.
_____

20 These hats are here.
_____

21 That is a cap.
_____
That cap is there.
_____

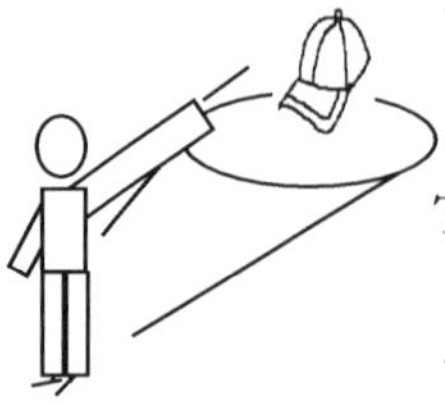

22 Those are a caps.
_____
Those caps are there.
_____

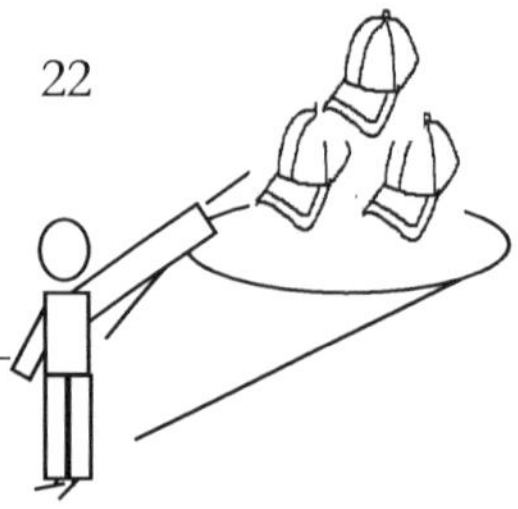

20

23. Complete the sentences stating how far are the things and using the proper demonstrative article (este, esta, estos, estas, ese, esa, estos, estas).

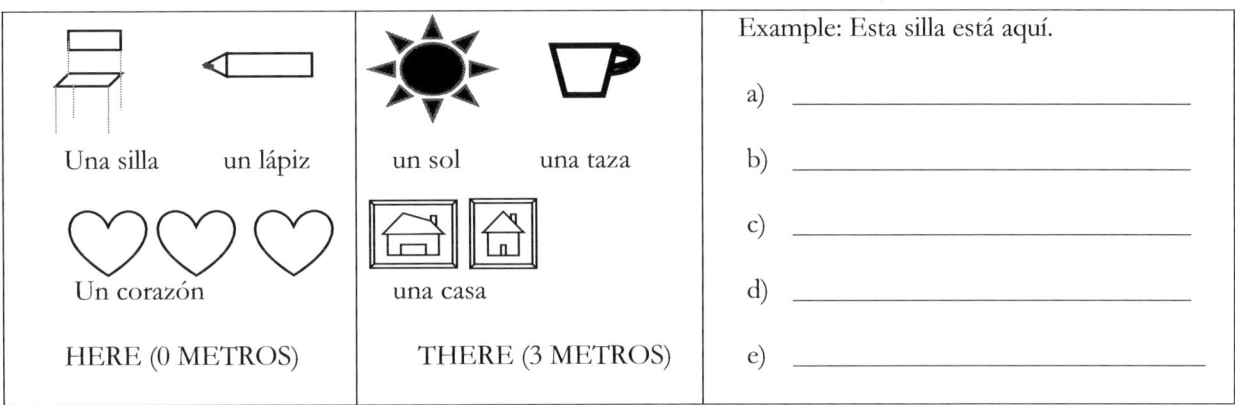

Example: Esta silla está aquí.

a) _____
b) _____
c) _____
d) _____
e) _____

24. Relate each personal pronoun with the adequate possessive article:

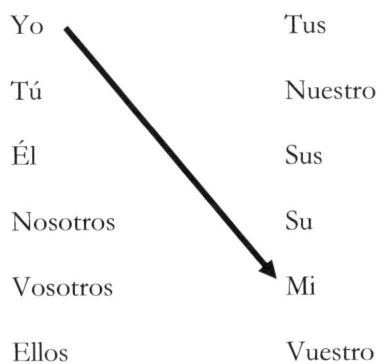

25. Which possessive articles do have masculine and feminine different forms? _____

26. Which of the following share possessive articles? Yo, tú, él, nosotros, vosotros, ellos.

27. Look for the possessive articles and underline them:

27.1. Tienes que terminar tus deberes.

27.2. Mi coche es rápido.

27.3. Nuestra familia es de España.

27.4. Ir a vuestra casa es divertido. La casa de mis abuelos es muy aburrida.

27.5. Para empezar sus vacaciones mi madre va a Madrid.

28. Complete with the proper possessive article as shown in the example. Check cloths topic vocabulary in chart 4.4.:

    28.1. Ejemplo: María tiene unos pantalones negros: <u>son sus pantalones</u>_____.

    28.2. Mi familia y yo tenemos sombreros para la playa:_____

    28.3. Tú tienes unos guantes amarillos:_____

29. Translate the following:

    29.1. Our shirts are red._____

    29.2. My uniform is a white shirt, grey pants, a tie and black shoes_____

    29.3. Their jeans are Levi's brand (brand= marca)_____

    29.4. Your shoes are size 42_____

    29.5. I want to buy that red coat for my sister._____

    29.6. Their t-shirts are on sales_____

30. Going shopping, please complete the dialogues:

    1   2   3   4

    Talla: 42   Talla: 38   Marca: Gucci   Talla: M
    Precio: 52,50 €   Precio: 22,6 €   Precio: 35,6 €   Precio: 35,6 €

8.1.	¿What size is this_____?	This _____ is size _____
1		
2		
4		

5. – Ask the brand of number 3 and answer._____

   _____

6. – Ask the price of nº3 and nº4 and answer._____

   _____

SECTION 1: EXERCISE 1.8. PRACTICE THE FAMILY AND RELATED EXPRESIONS

Check chart 4.1. to revise family vocabulary and expressions.

1. Complete the following chart with the information provided:

- El abuelo de la familia se llama Pedro.
- Su mujer se llama María
- Pedro y María tienen tres hijos: Juan, Pepe y Sofía.
- Pepe está soltero.
- Juan está casado con Alicia.
- Daniel es hijo único
- Alicia y Juan tienen tres sobrinos.
- Los primos de Daniel se llaman Irene, Isabel y Ana.
- Los cuñados de Pepe se llaman Alicia y Miguel.

2. Complete the following sentences with the information provided in exercise 1:

   2.1. Miguel es el _____ de Pedro y María, porque Pedro y María son sus _____

   2.2. Isabel es la _____ -de María, la _____ de Pepe y la _____ de Daniel.

   2.3. Alicia es la _____ de Pedro y María. Alicia tiene tres _____ y tiene tres _____

   2.4. Daniel es _____ porque no tiene hermanos.

   2.5. El _____ de Sofía se llama Pedro y su _____ se llama María. Son sus _____

   2.6. Pedro y María tienen una _____-_____ porque tienen tres hijos o más.

   2.7. El _____ de Sofía se llama Miguel, su _____ se llama Alicia y su _____ se llama Daniel.

SECTION 1: EXERCISE 1.9. PRACTICE VERB "GUSTAR" AND SIMILAR VERBS.

Check charts 4.2. and 4.7. to revise the parts of the body, sicknesses and remedies and food vocabulary and chart 2.6. to revise how gustar verb and similar verbs work.

1. Remember "gustar" must be conjugated depending on what is liked:

☺	☹
1 (hamburger) 2 (pizza) 3 (chocolate)	7 (onion) 8 (garlic)
4 (cola) 5 (bowl) 6 (noodles)	9 (steak) 10 (octopus)

1.1. Example: A mí me gusta la hamburguesa

1.2. _____

1.3. _____

1.4. _____

1.5. _____

1.6. _____no_____

1.7. _____

1.8. _____

1.9. _____

1.10. _____

2. Write the correct pronoun:

A mí	
A él	
A nosotros	
A tí	
A nosotras	

A Pedro	
A mis padres	
A usted	
A ustedes	
A vosotros	

3. Look for the mistakes in the following sentences and correct them:

3.1. A María no me gusta nadar. (1 error)_____

3.2. Nos gusta los plátanos. (1 error)_____

3.3. Mi madre no te gusta escribir (2 errors)_____

3.4. A vosotros no nos gustan estudiar (2 errors)_____

3.5. A ellos le gustan la camisas blanca (3 errors)_____

4. Translate the following:

4.1. ¿What hurts you? _____

4.2. My arm hurts me_____

4.3. My hand hurts me_____

4.4. My feet hurt me_____

4.5. My arms hurt me_____

4.6. My back hurt me_____

4.7. My head hurts me, I need to have a tablet_____

5. Match the following:

Tengo	tos	I´ve been bitten/stung
Tengo	una picadura	I´ve got a temperature
Tengo	Mareado/a	I´ve got sunburn/heatstroke
Tengo	Enfermo/a	I´ve got a cough
Tengo	constipado	I am sleepy
Tengo	Una pierna rota	I´m dizzy/sick
Tengo	Gripe	I´ve got a broken leg
Estoy	fiebre	I am cold
Tengo	Sueño	I am cured
Tengo	Nauseas	I´ve got flu
Tengo	Un catarro	I don´t feel good
Tengo	Frío	I am nauseus
Tengo	Calor	I´m ill
Estoy	Curado	I am hot
Estoy	Diarrea	I am constipated
Estoy	una insolación	I´ve got a cold
Me siento mal/bien, no me siento bien		I´ve got a cold

6. Translate the following:

   6.1. His knee hurts him, he needs a cream_____

   6.2. Your throat hurts you, you need a syrup_____

   6.3. Our stomach hurt us, we need a tablet_____

   6.4. My foot hurt me, I need a plaster_____

7. Complete with the following: a cream/a syrup/a tablet/an aspirine/take/water/to apply/a plaster/go to the doctor:

Un jarabe_____	Una tirita _____	Una pastilla_____
Una crema_____	Una aspirina_____	Ir al médico_____
Tomar_____	Agua_____	Ponerte _____

8. Complete the chart

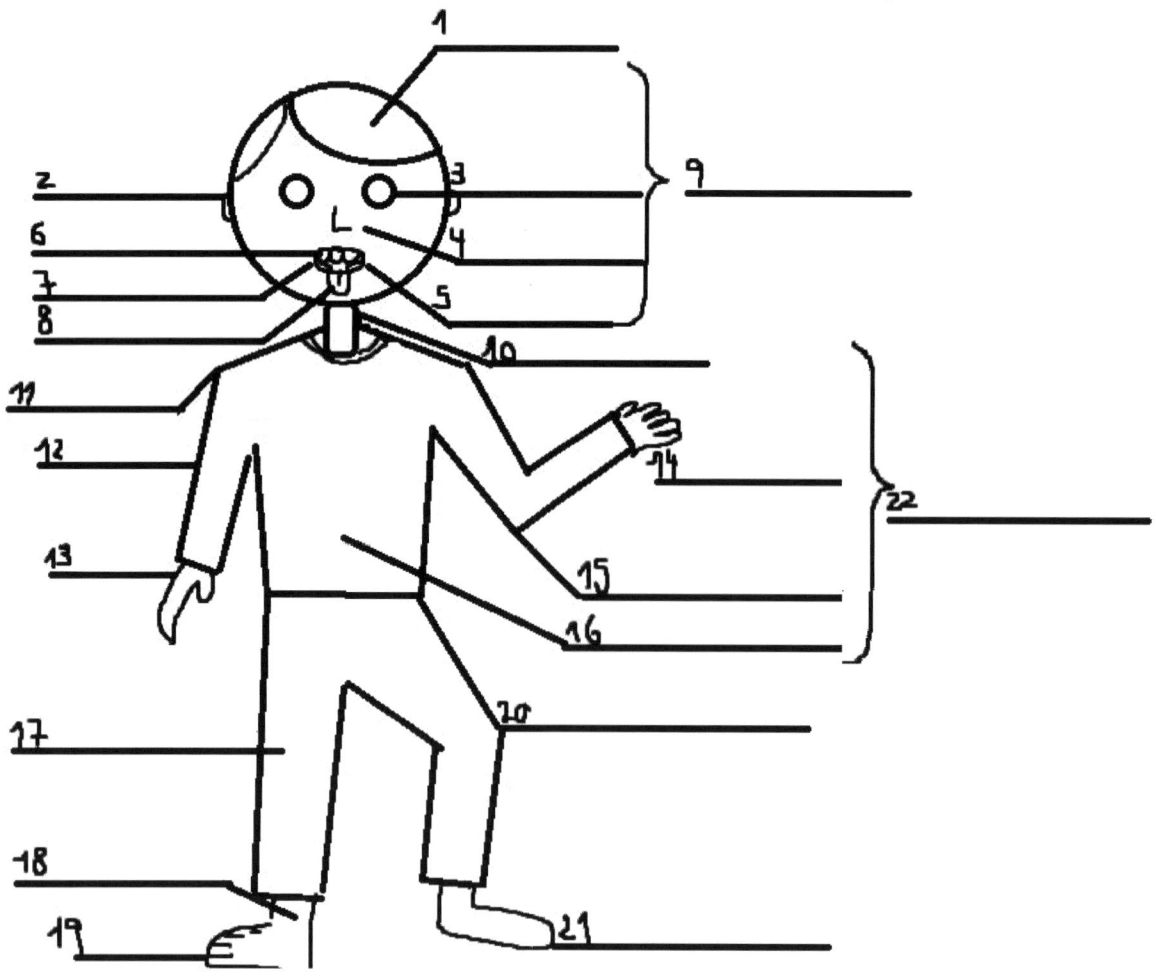

SECTION 1: EXERCISE 1.10. PRACTICE THE WEATHER.

Check chart 3.3. to revise the weather and chart 3.1. to revise months and seasons.

1. Translate the following:

    1.1. En verano hace sol y calor_____

    1.2. En invierno hace frío y nieva_____

    1.3. En primavera hace buen tiempo y llueve_____

    1.4. En otoño hace viento y está nublado_____

2. Complete with:

Nieva – hace mal tiempo - hace calor – llueve

    2.1. Cuando _____ voy a la playa

    2.2. Cuando _____ uso paraguas (umbrella).

    2.3. Cuando _____ juego a los videojuegos.

    2.4. Cuando _____ voy a skiar.

3. Complete with hace, esta, hay or nothing:

    1._____ frío   6._____ buen tiempo

    2._____ nieva   7._____ calor

    3._____ tormenta   8._____ mal tiempo

    4._____ llueve   9._____ viento

    5._____ nublado   10._____ lloviendo

4. Complete the weather forecast:

    1. En Galicia_____

    2. En Bilbao_____

    3. En Barcelona _____

    4. En Madrid_____

SECTION 1: EXERCISE 1.11. PRACTICE ROOMS OF THE HOUSE

Use chart 4.4. to revise the rooms of the house.

1. Complete the following sentences:

1.1. Me ducho en _____	1.6. Trabajo en _____
1.2. Cocino en _____	1.7. Tomo el sol en _____
1.3. Como en _____	1.8. Aparco el coche en _____
1.4. Duermo en _____	1.9. Veo las vistas desde _____
1.5. Veo la tele en _____	1.10. Subo por la _____

2. Describe this house including how many floors and rooms there are in the house, describe each floor enumerating the rooms. _____

_____

_____

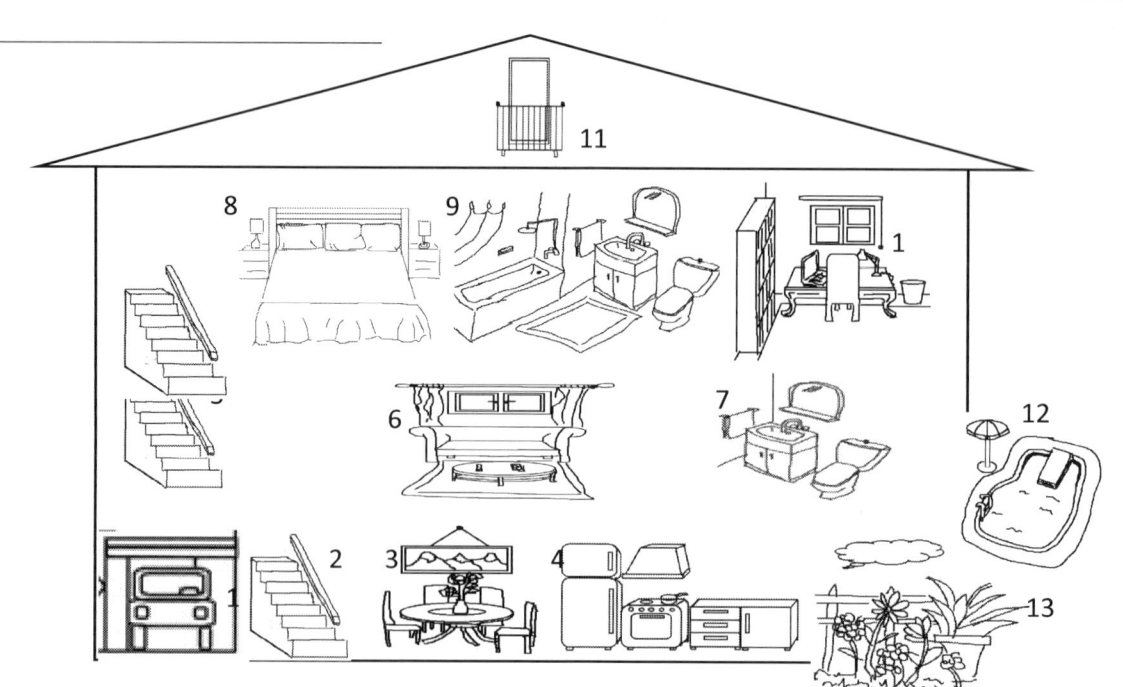

SECTION 1: EXERCISE 1.12. PRACTICE FURNITURE AND WHERE THINGS ARE

Check chart 4.5. to revise furniture vocabulary and chart 3.7. to revise the prepositions to indicate location.

1. Describe the room indicating where things are:

2. Give directions to go from "la peluquería" (the hairdresser) to la "librería" (the book shop):

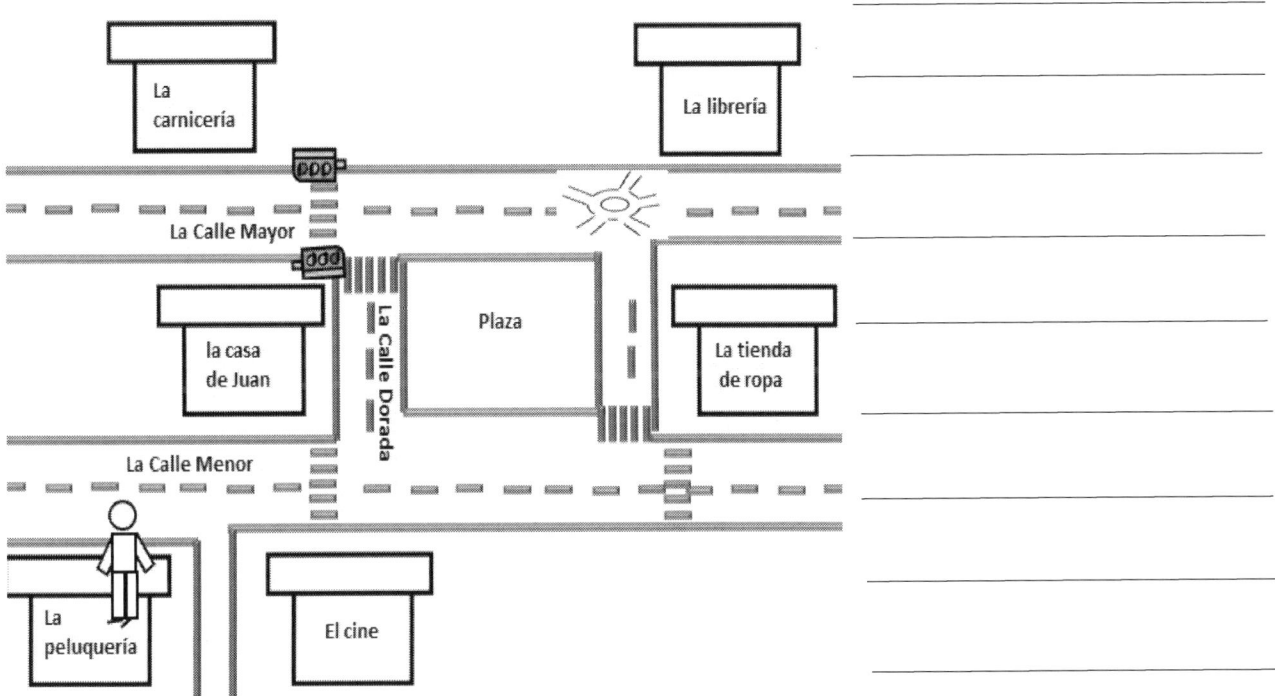

SECTION 1: EXERCISE 1.13. PRACTICE WHERE DO YOU LIVE

Check chart 4.8. to revise "where do you live" vocabulary:

1. Write in Spanish using el/la/los/las:

   1.1. House_____ - 1.5. In the centre of_____

   1.2. Flat_____ 1.6. In the outskirts of_____

   1.3. Village_____ 1.7. In the coast_____

   1.4. City_____ 1.8. In the mountains_____

2. Translate the following into Spanish:

   I live in a house in a neighbourhood in the outskirts of London called Ealing. I live in the south of England and the southwest of London. I do not live on the coast and my house is not in the centre of a town. My town is neither clean, nor dirty.

   _____

   _____

   _____

3. Write where they live in Spanish:

   | Pedro: I live in a flat in a city in the north-east of Madrid | María: I live near the mountains in the country side | Juan: I live in Toledo, in the south of Madrid | Elena: I live in a house in the centre of Valencia |

   3.1. Pedro _____

   3.2. María _____

   3.3. Pedro _____

   3.4. Pedro _____

SECTION 1: EXERCISE 1.14. PRACTICE THE PHYSICAL AND CHARACTER DESCRIPTION AND THE COMPARATIVES AND SUPERLATIVES

Check charts 3.8., 4.6. and 4.9 to revise physical and character description, compartives and superlatives:

MARIA	LAURA	PEDRO	JUAN
• Altura: 1,75 cms. • Peso: 75 kgs. • Simpática	• Altura: 1,55 cms. • Peso: 55 kgs. • Tímida	• Altura: 1,55 cms. • Peso: 75 kgs. • Divertido	• Altura: 1,85 cms. • Peso: 65 kgs. • Antipático

1. Answer the following questions:

    1.1. ¿Quién es el más alto? _____

    1.2. ¿Quién tiene vergüenza? _____

    1.3. ¿Quién es la más delgada? _____

2. Compare:

    2.1. Pedro es _____ alto _____ Laura.

    2.2. Laura es _____ alta _____ María.

    2.3. María es _____ simpática _____ Juan.

3. Translate:

    3.1. My mother is nice and generous. _____

    3.2. My father is stronger than my brother, but he is as tall as him. _____

    3.3. My sister is tall, smart and goodlooking. Her hair is longer than my mother's hair and is blond.

    _____

SECTION 2: VERBS CHART 2.1. PRESENT TENSE VERBS

When to use it: (1) what you usually do, (2) what you are doing right now and (3) general statements.

Key time expressions: Hoy (today), ahora (now), en este momento (now), los lunes(on Mondays), todos los días (every day), siempre (always), normalmente (usually), a menudo (often), a veces (sometimes), nunca (never), casi siempre (almost always).
Regular verbs follow a pattern. This pattern is different depending on the AR, ER or IR infinitive form group each verb belongs to.

REGULARS*	AR	ER	IR
Yo		o	
Tú	as		es
Él/ella/usted	a		e
Nosotros/as	amos	emos	imos
Vosotros/as	áis	éis	ís
Ellos/ellas/ustedes	an		en

REFLEXIVE PRONOUNS **	
Yo	me
Tú	te
Él/ella/usted	se
Nosotros/as	nos
Vosotros/as	os
Ellos/ellas/ustedes	se

*Instructions: (1) take out AR, ER, IR. (2) add the appropriate ending depending on the infinitive group the verb belongs to and who is carring out the action.

**Reflexive verbs describe actions done by and to oneself. (I.e. I shower myself). These verbs will need to use a pronoun before the verb in any tense.

IRREGULARS TYPE 1: Don't follow the pattern because a vowel change in the stem. "Nosotros" and "vosotros" don't change.

e >ie	o >ue	e >i
quiero	duermo	visto
quieres	duermes	vistes
quiere	duerme	viste
queremos	dormimos	vestimos
queréis	dormís	vestís
quieren	duermen	visten
Advertir, atender, calentar, cerrar, comenzar, convertirse, despertar(se), empezar, encender, entender, gobernar, hervir, intervenir, invertir, mentir, merendar, negar(se), pensar, perder, preferir, querer, recomendar, sentar(se), sentir(se), sostener, sugerir, temblar.	Acordarse, acostar(se), almorzar, aprobar, colgar, comprobar, contar, costar, demostrar, devolver, doler, dormir, encontrar, morder, morir, mostrar, mover, oler, poder, probar, recordar, resolver, rogar, soler, soltar, sonar, soñar, volar, volver.	Competir, conseguir, convertirse, corregir, despedir, elegir, freir, impedir, pedir, perseguir, reir, reñir, repetir, seguir, servir, sonreir, vestir.

IRREGULARS TYPE 2 Verbs that only the first person doesn't follow the pattern. The rest follow the pattern.

Caer > caigo	Saber > sé	Poner > pongo	Oír > oigo	Conducir > conduzco	Parecer > parezco
Dar > doy	Hacer > hago	Traer > traigo	Salir > salgo	Conocer > conozco	Traducir > traduzco

IRREGULARS TYPE 3
Verbs that change the first person (type 2) + change the stem (type 1)

IRREGULARS TYPE 4
Completely irregular

VENIR	DECIR	TENER	SER	ESTAR	IR
Vengo	Digo	Tengo	Soy	Estoy	Voy
Vienes	Dices	Tienes	Eres	Estás	Vas
Viene	Dice	Tiene	Es	Está	Va
Venimos	Decimos	Tenemos	Somos	Estamos	Vamos
Venís	Decís	Tenéis	Sois	Estáis	Vais
Venimos	Dicen	Tienen	Son	Están	Van

SECTION 2: VERBS CHART 2.2. TO BE: VERBS SER, ESTAR & TENER

	SER	ESTAR	TENER
Yo Tú Él/ella/usted Nosotros/as Vosotros/as Ellos/ellas/ustedes	Soy Eres Es Somos Sois son	Estoy Estás Está Estamos Estáis Estan	Tengo Tienes Tiene Tenemos Tenéis Tienen
When to use them GUIDELINE	• Expresses "ESSENCE"(describes) • Answers to "what is someone or something like?" • Compares to others	• Indicates the "CIRCUMSTANCE" • Answers to "how?(mood)" or "where?" Compares to itself some other time	• To have • Sometimes used instead "I am", "you are", "he is.."………
When to use them. LIST − Name − Profession − Origin/nationality − Phisical descript. − Personality − Quantity − Ownership − Time − Date − Material − Relationship − Location − How? Mood − With gerund − I'm hungry/thirsty − I'm cold/hot − I'm ashamed − I'm scared − I'm right − I'm patient − I'm thirty years old − I have to eat	− Yo soy María − Yo soy profesora − Yo soy de España − Yo soy española − Soy morena − Soy simpática − Son cuatro manzanas − El libro es de María − Son las cuatro − Es tres de mayo − Es de oro − Ella es mi hermana	− Estoy en Londres − Estoy cansada − Estoy comiendo	− Tengo hambre/sed − Tengo frío/calor − Tengo vergüenza − Tengo miedo − Tengo razón − Tengo paciencia − Tengo treinta años − Tengo que comer

SECTION 2: CHART 2.3. VERBS OF MOVEMENT

VERBO	MEANING	PATTERN TYPE	CONJUGATION
– IR	To go	Irregular present type 4	Voy, vas, va, vamos, vais, van
– IRSE	To leave	Irregular present type 4 and reflexive	Me voy, te vas, se va, nos vamos, os vais, se van
– VENIR	To come	Irregular present type 3	Vengo, vienes, viene, venimos, venís vienen
– LLEGAR	To arrive	Regular persent	Llego, llegas, llega, llegamos, llegáis, llegan
– VIAJAR	To travel	Regular present	Viajo, viajas, viaja, viajamos, viajáis, viajan
– VOLVER	To come back	Irregular present type 2	Vuelvo, vuelves, vuelve, volvemos, volvéis, vuelven
– SALIR	To go out	Irregular present type 2	Salgo, sales, sale, salimos, salís, salen
– ENTRAR	To go in	Regular present	Entro, entras, entra, entramos, entráis, entran
– SUBIR	To go up	Regular present	Subo, subes, sube, subimos, subís, suben
– BAJAR	To go down	Regular present	Bajo, bajas, baja, bajamos, bajáis, bajan

USE WITH THE FOLLOWING PREPOSITIONS

Preposition	Meaning	Example
verb + a	destination	voy a España Note "a+el" will be "al" (i.e. voy al colegio)
verb + de	From	voy de Madrid a Barcelona Note "de+el" will be "del" (i.e. vengo del colegio)
verb + con	with	voy con mi familia
verb + en	by	voy en tren, autobús, coche, …..
verb + de	purpose	voy de vacaciones, trabajo, compras, copas, excursión

SECTION 2: CHART 2.4. VERBS OF DAILY ROUTINE

Reflexive verbs in daily routine	Regular/ irregular	English translation	NonReflexive verbs in daily routine	Regular/ irregular	English translation
Despertarse	I(type1)	To wake up	Desayunar	R	To have breakfast
Levantarse	R	To get up	Comer	R	To have lunch or to eat
Ducharse	R	To have a shower	Merendar	I (type1)	To have a snack
Bañarse	R	To have a bath	Cenar	R	To have dinner
Lavarse	R	To have a wash	Salir de	I (type2)	To go out from
Lavarse los dientes	R	To wash your teeth	Llegar a	R	To arrive to
Lavarse la cara	R	To wash your face	Coger	R	To catch the bus, train..
Cambiarse	R	To get changed	Volver	I(type1)	To come back
Arreglarse	R	To get ready	Trabajar	R	To work
Acostarse	I(type1)	To go to bed	Hacer deporte	I(type1)	To exercise
Dormirse	I(type1)	To fall sleep	Hacer los deberes	I(type1)	To do homework
Vestirse	I(type1)	To get dressed	Ver la television	R	To watch TV
Desvestirse	I(type1)	To get undressed	Jugar al tenis, …..	I(type1)	To play tennis, ……
Quitarse	R	To take off (cloths)	Cocinar	R	To cook
Irse	I(type4)	To leave	Ir de compras	I(type4)	To go shopping

SECTION 2: CHART 2.5. VERBS OF CLOTHS

Reflexive verbs in cloths topic	Regular/ irregular	English translation	NonReflexive verbs in cloths topic	Regular/ irregular	English translation
Vestirse	I(type1)	To get dressed	Llevar	R	To wear/to carry
Desvestirse	I(type1)	To get undressed			
Ponerse	I(type2)	To put on			
Quitarse	R	To take out			

SECTION 2: CHART 2.6. VERBS LIKE "GUSTAR"

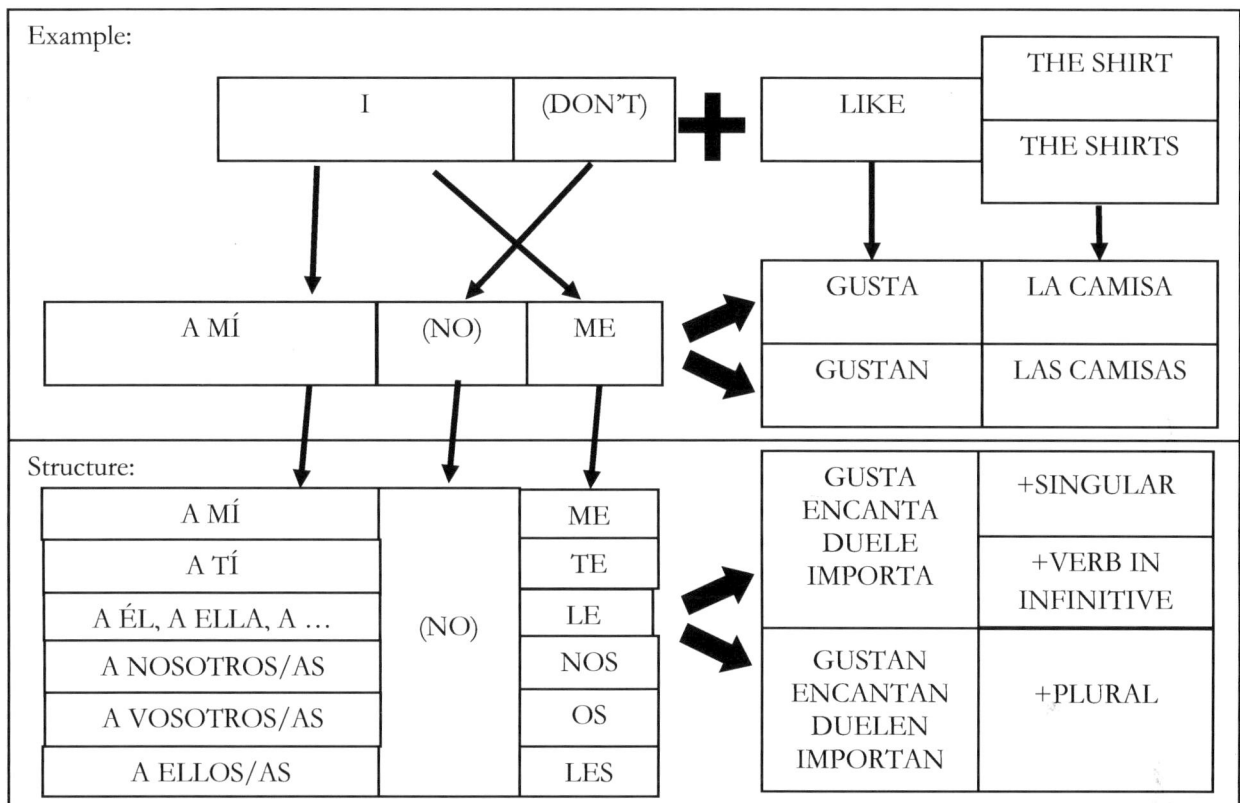

Note:
- With "gustar" and other verbs like "gustar" the thing being liked becomes the subject, unlike in English in which the thing/person who likes something is the subject.
- Gustar and verbs like gustar always use a pronoun, the pronouns used are the indirect pronouns.
- The reflexive pronouns are similar to the "gustar verbs" pronouns, only by coincidence. Reflexive pronouns are all identical to gustar verbs pronouns except "se" wich for gustar verbs is "le" or "les".
- The verb is conjugated to match the subject, in this case, to match the thing liked. For this reason, only the 3º person is used in singular or in plural, in any tense needed.
- Common verbs that behave like "gustar verbs" are:

Aburrir	To bore	Costar	To cost	Importar	To matter
Agradar	To please	Disgustar	To disgust	Interesar	To interest
Alegrar	To gladden	Doler	To hurt	Molestar	To bother
Apasionar	To love	Encantar	To delight	Parecer	To apper to be
Apetecer	To feel like	Extrañar	To surprise	Picar	To itch
Atraer	To attract	Faltar	To be lacking	Preocupar	To worry
Bastar	To be enough	Fascinar	To fascinate	Quedar	To remain
Caber	To fit, to fill	Fastidar	To annoy	Repugnar	To disgust
Convenir	To be better	Gustar	To like	Sobrar	To be left over
Corresponder	To be responsible for	Hacer falta	To be missed	Tocar	To be responsible for

SECTION 3. CHART 3.1.– THE NUMBERS AND TIME EXPRESSIONS

LOS NÚMEROS – The numbers

0	Cero	10	Diez	20	Veinte	30	Treinta
1	Uno	11	Once	21	Veintiuno	31	Treinta y uno
2	Dos	12	Doce	22	Veintidós	32	Treinta y dos
3	Tres	13	Trece	23	Veintitrés	33	Treinta y tres
4	Cuatro	14	Catorce	24	Veinticuatro	34	Treinta y cuatro
5	Cinco	15	Quince	25	Veinticinco	35	Treinta y cinco
6	Seis	16	Dieciséis	26	Veintiséis	36	Treinta y seis
7	Siete	17	Diecisiete	27	Veintisiete	37	Treinta y siete
8	Ocho	18	Dieciocho	28	Veintiocho	38	Treinta y ocho
9	Nueve	19	Diecinueve	29	Veintinueve	39	Treinta y nueve

Decenas - tens

40	Cuarenta		1000	Mil
50	Cincuenta		2000	Dos mil
60	Sesenta		10.000	Diez mil
70	Setenta		100.000	Cien mil
80	Ochenta		1.000.000	Un millón
90	Noventa			
100	Cien		1º	Primer(o)
101	Ciento uno		2º	Segundo
200	Doscientos		3º	Tercero
300	Trescientos		4º	Cuarto
400	Cuatrocientos		5º	Quinto
500	Quinientos		6º	Sexto
600	Seiscientos		7º	Séptimo
700	Setecientos		8º	Octavo
800	Ochocientos		9º	Noveno
900	Novecientos		10º	Décimo

Ejemplos - Examples

626= seiscientos veintiséis
1.545= mil quinientos cuarenta y cinco.
110.367= ciento diez mil trescientos sesenta y siete.
987.654.321= novecientos ochenta y siete millones, seiscientos cincuenta y cuatro mil, trescientos veintiuno.

Años:
1973: El año mil novecientos setenta y tres.
2019: El año dos mil diecinueve.

Fechas – dates:
Mi cumpleaños es el 4 de enero.
Hoy es cinco de mayo de dos mil diecinueve.

Los meses (months)
Enero - January
Febrero - February
Marzo - March
Abril - April
Mayo - May
Junio - June
Julio - July
Agosto - August
Septiembre - September
Octubre - October
Noviembre - November
Diciembre - December

Los días de la semana
Lunes - Monday
Martes - Tuesday
Miércoles - Wednesday
Jueves - Thursday
Viernes - Friday
Sábado - Saturday
Domingo - Sunday
El fin de semana - Weekend

Las estaciones - Seasons
Primavera - Spring
Verano - Summer
Otoño - Autumn
Invierno - Winter

¿Qué hora es?
9:00 Son las nueve en punto
9:15 Son las nueve y cuarto
9:30 Son las nueve y media
9:45 Son las diez menos cuarto
1:00 Es la una
Hace tres años – Three years ago
Desde hace tres años - Since three years ago
Día - Day
Semana - Week
Mes - Month
Año - Year

Siempre - Always
Normalmente – Usually
A menudo – Often
A veces – Sometimes
Nunca – Never
Casi – almost
  i.e. casi nunca.

Yesterday/today/tomorrow
Antes de ayer – The day before yesterday.
Ayer - Yesterday
Hoy - Today
Mañana – Tomorrow

In the morning/afternoon/evening
Por la mañana/Por la tarde/Por la noche

Antes - Before
Ahora – Now
En este momento - now
Después – After
Pronto, temprano – early, soon
Late - Tarde

SECTION 3. CHART 3.2. THE TIME

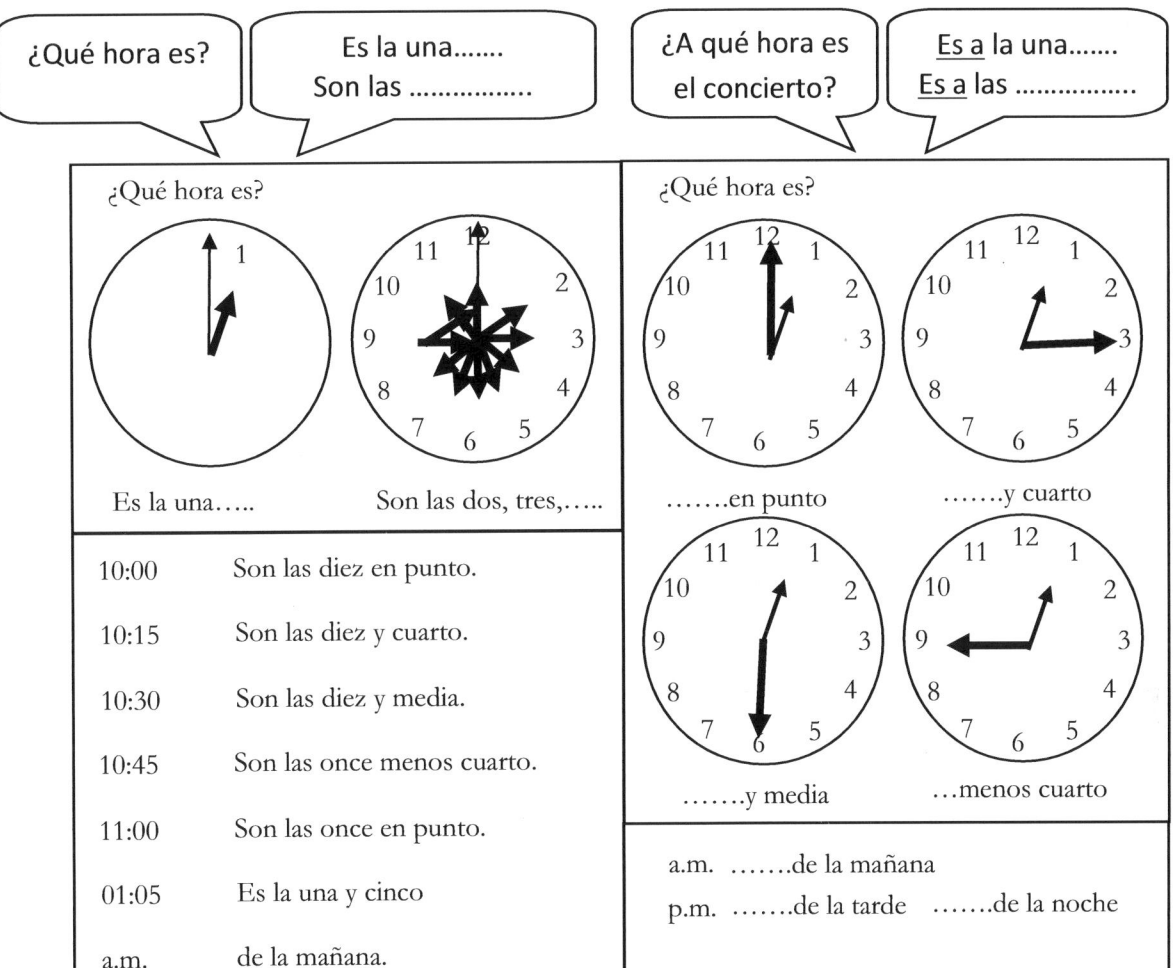

SECTION 3. CHART 3.3. THE WEATHER

¿Qué tiempo hace? – What's the weather like?

Español		English	Español		English
Hace	Frío	It's cold	Hay	tormenta	There is a storm
	Calor	It's hot	Está	Nublado	It´s foggy
	Buen tiempo	It's good weather		Lloviendo	It´s raining
	Mal tiempo	It's bad weather		nevando	It´s snowing
	Sol	It's sunny	Llueve		It rains
	Viento	It's windy	Nieva		It snows

SECTION 3. CHART 3.4. THE ARTICLES AND ADJECTIVES

LOS PRONOMBRES PERSONALES

	Masculino	Femenino	Formal
I		Yo	
You		Tú	Usted
He/she	Él	Ella	
We	Nosotros	Nosotras	
You all	Vosotros	Vosotras	
They	Ellos	Ellas	Ustedes

ARTÍCULOS

	Singular		Plural	
	Masculine	Femenine	Masculine	Femenine
The	El	La	Los	Las
A/an/some	Un	Una	Unos	Unas
One used as a pronombre*	Uno	Una	Unos	Unas

*Pronoun: When it is used to substitute an object, place or subject. I.e. Quiero uno.

DEMOSTRATIVOS

Adjetivos demostrativos				Pronombres* demostrativos					Related adverb
Singular		Plural		Singular			Plural		
Masc	Fem	Masc	Fem	Masc	Fem	Neutro	Masc	Fem	
This			These		This			These		Here
este	esta	estos	estas	éste	ésta	esto	éstos	éstas	Aquí
That			Those		That			Those		There
ese	esa	esos	esas	ése	ésa	eso	ésos	ésas	Ahí/allí (médium far)
aquel	aquella	aquellos	aquellas	aquél	aquélla	aquello	aquéllos	aquéllas	Ahí/allí (very far)

*Pronoun: When it is used to substitute an object, place or subject.

ADJETIVOS Y PRONOMBRES POSESIVOS

Owner	What they own is….							
	Adjetivos				Pronombres*			
	Singular		Plural		Singular		Plural	
	Masc.	Fem	Masc.	Fem	Masc.	Fem	Masc.	Fem
My	mi		mis		mío	mía	míos	mías
Your	tu		tus		tuyo	tuya	tuyos	tuyas
Her/his/your formal	su		sus		suyo	suya	suyos	suyas
Our	nuestro	nuestra	nuestros	nuestras	nuestro	nuestra	nuestras	nuestras
Your	vuestro	vuestra	vuestros	vuestras	vuestro	vuestra	vuestros	vuestras
Their/your formal	su		sus		suyo	suya	suyos	suyas

SECTION 3. CHART 3.5. INTERROGATIVE PRONOUNS AND MAIN QUESTIONS

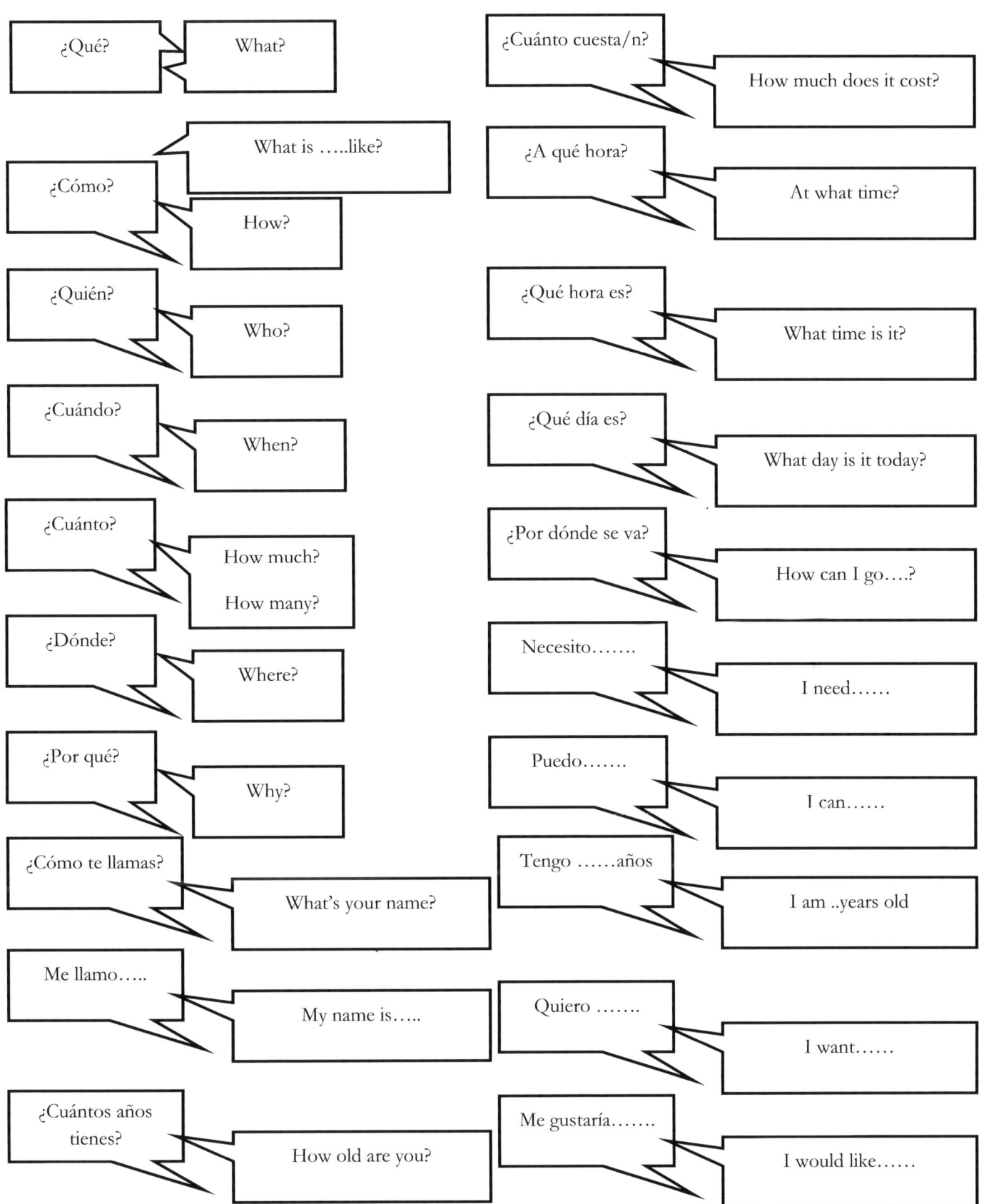

SECTION 3. CHART 3.6. THE COLOURS AND MAIN ADJECTIVES

THE COLOURS

LOS COLORES	Singular		Plural	
	Masculine	Femenine	Masculine	Femenine
BLACK	Negro	Negra	Negros	Negras
WHITE	Blanco	Blanca	Blancos	Blancas
RED	Rojo	Roja	Rojos	Rojas
YELLOW	Amarillo	Amarilla	Amarillos	Amarillas
PURPLE	Morado	Morada	Morados	Moradas
ORANGE	Naranja		Naranjas	
GREEN	Verde		Verdes	
PINK	Rosa		Rosas	
BROWN	Marrón		Marrones	
GREY	Gris		Grises	
BLUE	Azul		Azules	

ADJECTIVES

Check the adjectives in charts 4.8. and 4.9

LOS ADJETIVOS	Singular		Plural	
	Masculine	Femenine	Masculine	Femenine
DELICIOUS	Delicioso	Deliciosa	Deliciosos	Deliciosas
TIRED	Cansado	Cansada	Cansados	Cansadas
FAST	Rápido	Rápida	Rápidos	Rápidas
SLOW	Lento	Lenta	Lentos	Lentas
EXPENSIVE	Caro	Cara	Caros	Caras
CHEAP	Barato	Barata	Baratos	Baratas
CLOSED	Cerrado	Cerrada	Cerrados	Cerradas
OPEN	Abierto	Abierta	Abiertos	Abiertas
GOOD	Bueno	Buena	Buenos	Buenas
BAD	Malo	Mala	Malos	Malas
RICH/TASTY	Rico	Rica	Ricos	Ricas
OLD	Viejo	Vieja	Viejos	Viejas
NEW	Nuevo	Nueva	Nuevos	Nuevas
COMPLICATED	Complicado	Complicada	Complicados	Complicadas
SIMPLE	Simple		Simples	
POOR	Pobre		Pobres	
BIG	Grande		Grandes	
EASY	Fácil		Fáciles	
DISGUSTING	Repugnante		Repugnantes	
DIFICULT	Difícil		Difíciles	
EXCITING	Emocionante		Emocionantes	
GREAT	Genial		Geniales	
POLITE	Cortés		Corteses	
HOT	Caliente		Calientes	
COLD	Frío		Fríos	

SECTION 3. CHART 3.7. PREPOSITIONS OF WHERE THINGS ARE

SECTION 3. CHART 3.8. COMPARATIVES AND SUPERLATIVES

The comparative

Más + _____ + que	More + _____ + than
Menos + _____ + que	Less + _____ + than
Tan + _____ + como	As + _____ + as

Exceptions

Mejor	Better
Peor	Worse
Menor	Younger
Mayor	Older/bigger

The superlative

El/la/los/las más + _____ + de	The most + _____ + of
El/la/los/las menos + _____ + de	The least + _____ + of

Exceptions

El mejor de	The best of
El peor de	The worst of
El menor de	The youngest/smallest of
El mayor de	The oldest/biggest of

SECTION 4. CHART 4.1. THE FAMILY

FAMILY RELATIONSHIPS	IN LAWS
1. Marido – husband 2. Mujer*/esposa – wife. 3. Abuelo – grandfather 4. Abuela – grandmother 5. Abuelos – grandparents 6. Father/dad – padre/papa 7. Mother/mum – madre/mamá 8. Parents – Padres 9. Hijo – son 10. Hija – daughter 11. Hijos – siblings 12. Hermano – brother 13. Hermana – sister 14. Hermanos – brothers and sisters. 15. Nieto – grandson 16. Nieta – granddaughter 17. Nietos - grandsiblings 18. Tío – uncle. 19. Tía – antie 20. Tíos – uncle and antie 21. Sobrino – nephew 22. Sobrina – niece 23. Sobrinos – nephews/nieces 24. Primo – cousin 25. Prima – cousin 26. Primos - cousins Familia numerosa: tres hijos o más.	27. Suegro – father in law 28. Suegra – mother in law 29. Suegros – parents in law 30. Nuera – daughter in law 31. Yerno – son in law 32. Cuñado – brother in law 33. Cuñado – sister in law 34. Cuñados – siblings in law **STEP FAMILY** 35. Padrastro - stepfather 36. Madrastra - stepmother 37. Padrastros - stepparents 38. Hijastro - stepson 39. Hijastra - stepdaugher 40. Hijastros - stepsiblings 41. Hermanastro – brother in law 42. Hermanastra – sister in law 43. Hermanastros siblings in law **SOCIAL STATUS:** Estar +………… 44. Casado/casada: married. 45. Soltero/soltera: single 46. Divorciado/divorciada: divorced 47. Viudo/viuda: widow/widower Soy/tengo…….. 48. Novio - boyfriend 49. Novia - girlfriend

Frases ejemplo:

- ………………..se llama ……………..
- Mi madre se llama……./El hijo de ……se llama……………
- ……………….tiene/n tres hijos
- ………………..está casado con………………..
- ………………..es el marido de ……………………………….
- Su madre es……………..
- Llevarse bien: to get along. I.e. Me llevo bien con mi madre.
- Llevarse mal: not get on well: i.e. Me llevo mal con mi hermano.
- Molestar: to annoy: i.e. Mi hermano me molesta
- Fastidiar: to annoy: i.e. Mi primo me fastidia.

*Mujer: also means woman.

SECTION 4. CHART 4.2. THE PARTS OF THE BODY, SICKNESS AND REMEDIES

Parts in the head		Parts in the body			
Español	English	Español	English	Español	English
La cabeza	The head	El hombro	The shoulder	El estómago	The stomach
La cara	The face	El brazo	The arm	La espalda	The back
El ojo	The eye	El dedo	The finger	El tobillo	The ancle
La oreja	The ear	La mano	The hand	La muñeca	The wrist
La boca	The mouth	La pierna	The leg	El talón	The heel
La nariz	The nose	La rodilla	The knee	La lengua	The tongue
El oído	The inner ear	El pie	The foot	El codo	The elbow
La frente	The forehead	El cuello	The neck	La piel	The skin
El diente	The tooth	La garganta	The throat		
La muela	The mole				

Something hurts me/you./him/her/us/them See chart 2.6. of verbs like "gustar".		Síntomas - syntoms	
		Español	English
Me		Tengo una picadura	I´ve been bitten
Te	Duele +	Tengo fiebre	I´ve got a temperature
Le	singular	Tengo una insolación	I´ve got a sunburn/heatstroke
Nos	Duelen +	Tengo tos	I´ve got a cough
Os	plural	Tengo gripe	I´ve got flu
Les		Estoy mareado	I´m dizzy/sick
		Tengo catarro	I´ve got a cold
Remedies - remedios		Estoy constipado	I´ve got a cold
		Tengo la pierna rota	I´ve got a broken leg
Español	English	Estoy enfermo	I´m ill
		Tengo diarrea	I´m constipated
Crema	Cream	Tengo sueño	I am sleepy
Pastilla	Tablet	Tengo frío	I am cold
Aspirina	Aspirine	Tengo calor	I am hot
Jarabe	Syrup	No puedo dormir	I can´t sleep
Tirita	Paster	Tengo una quemadura	I burnt myself
Agua	Water	Tengo nauseas	I am nauseus
Tomar....	Take....	Tengo una infección	I´ve got an infection
Calmantes	Painkiller	Me siento bien	I feel good
Ponerse...	Apply....	Me siento mal	I feel bad
Aplicar......		No me siento bien	I don´t feel good

SECTION 4. CHART 4.3. THE CLOTHES

USEFUL EXPRESSIONES ABOUT CLOTHS AND SHOPPING

¿Tiene chaquetas? ¿Hay chaquetas?	Are there jackets?
¿De qué talla es esta camisa?	What size is this shirt?
¿De qué color es esta falda?	What colour is this skirt?
¿Cuánto cuesta esta bufanda?	How much does this scarf cost?
¿Cuánto cuestan estos guantes?	How much do these gloves cost?
¿De qué marca es este abrigo?	What brand is this coat?
¿Dónde está la caja?	Where is the till?
¿En efectivo o con tarjeta?	Cash or card?
Quiero pagar con tarjeta.	I want to pay by card.
¿Dónde están los calcetines?	Where are the socks?

USEFUL EXPRESSIONES ABOUT ROOMS OF THE HOUSE

¿Cuántas habitaciones hay en tu casa?	How many rooms are there in your house?
¿Cuántas habitaciones tiene tu casa?	How many rooms does your house have?
En mi casa hay….una cocina, un salón, tres habitaciones Mi casa tiene……	In my house there are …a kitchen, a living, three rooms..
Mi casa tiene dos plantas y tres habitaciones	My house has two floors and three rooms.

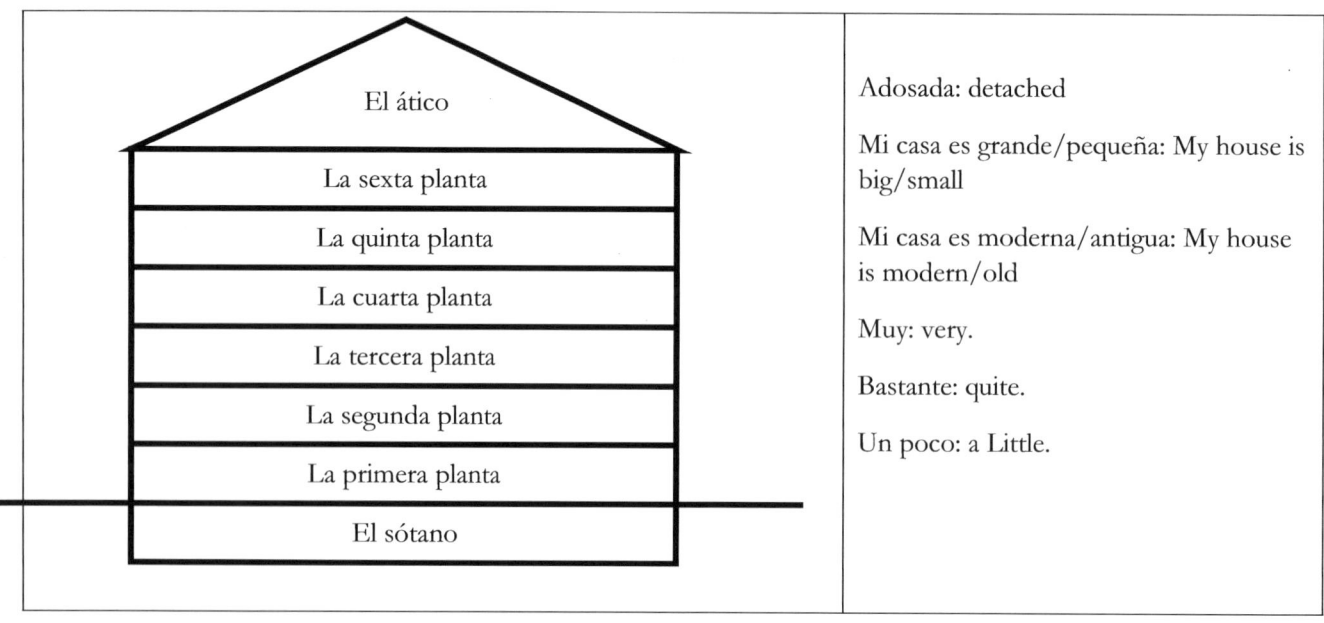

SECTION 4. CHART 4.4. THE ROOMS OF A HOUSE

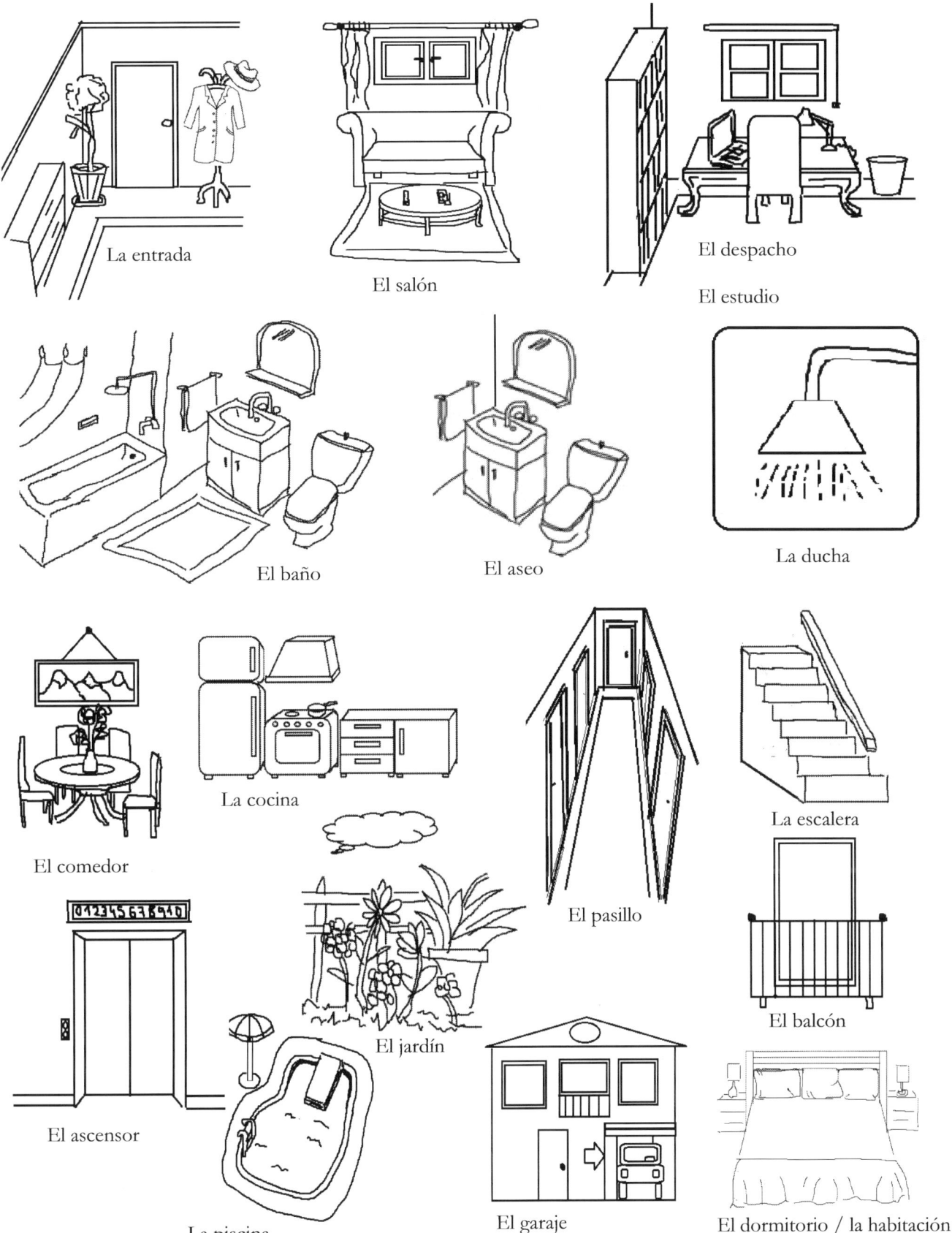

SECTION 4. CHART 4.5. FURNITURE – LOS MUEBLES

SECTION 4. CHART 4.6. PHISICAL DESCRIPTION – LA DESCRIPCIÓN FÍSICA

SER SOY-ERES-ES- SOMOS-SOIS-SON	TO BE I AM-YOU ARE-HE/SHE IS, WE/YOU/THEY ARE.	TENER TENGO-TIENES- TIENE-TENEMOS- TENÉIS-TIENEN	TO HAVE…..
<ul><li>Altura:<ul><li>Alto/alta</li><li>Mediano/mediana</li><li>Bajo/baja</li></ul></li><li>Peso:<ul><li>Gordo/a</li><li>Delgado/a</li><li>Flaco/a</li></ul></li><li>Belleza<ul><li>Guapo/a</li><li>Feo/a</li></ul></li><li>Color del pelo<ul><li>Moreno/a</li><li>Castaño/a</li><li>Rubio/a</li><li>Calvo/a</li><li>Pelirrojo/a</li></ul></li><li>Fortaleza<ul><li>Fuerte</li><li>Débil</li><li>Deportista</li><li>Activo/a</li></ul></li><li>Nacionalidad<ul><li>Inglés/inglesa</li><li>Español/española</li><li>Francés/francesa</li><li>Italiano/a</li><li>Galés/galesa</li><li>Escocés/escocesa</li><li>Irlandés/irlandesa</li><li>……</li></ul></li></ul>	<ul><li>Height:<ul><li>Tall</li><li>Medium heigh</li><li>Short</li></ul></li><li>Weight:<ul><li>Fat</li><li>Slim</li><li>Thin</li></ul></li><li>Beauty:<ul><li>Goodlooking</li><li>Goodlooking</li></ul></li><li>Colour of the hair<ul><li>Dark haired</li><li>Chestnut</li><li>Blond</li><li>With no hair</li><li>Red haired</li></ul></li><li>Strenght<ul><li>Strong</li><li>Weak</li><li>Sporty</li><li>Active</li></ul></li><li>Nationality<ul><li>English</li><li>Spanish</li><li>French</li><li>Italian</li><li>Welsh</li><li>Scotish</li><li>Irish</li><li>……</li></ul></li></ul>	Tener el pelo….. <ul><li>Largo:<ul><li>Largo</li><li>Corto</li></ul></li><li>Tipo de pelo:<ul><li>Rizado</li><li>Ondulado</li><li>Liso</li></ul></li><li>Color del pelo<ul><li>Moreno/a</li><li>Castaño/a</li><li>Rubio/a</li><li>No……pelo</li><li>Pelirrojo/a</li></ul></li></ul>Tener los ojos…. <ul><li>Tamaño:<ul><li>Grandes</li><li>Pequeños</li></ul></li><li>Color:<ul><li>Verde</li><li>Azules</li><li>Negros</li><li>Marrones</li><li>Grises</li></ul></li></ul>Tener pecas Tener la piel…. <ul><li>Tono:<ul><li>Oscura</li><li>Clara</li></ul></li></ul>	<ul><li>Lenght<ul><li>Long hair</li><li>Short hair</li></ul></li><li>Type of hair:<ul><li>Curly hair</li><li>Wavy hair</li><li>Straight hair</li></ul></li><li>Colour<ul><li>Dark hair</li><li>Chestnut/brown hair</li><li>Blond hair</li><li>No hair</li><li>Red hair</li></ul></li></ul><ul><li>Size:<ul><li>Big eyes</li><li>Small eyes</li></ul></li><li>Colour:<ul><li>Green eyes.</li><li>Blue eyes.</li><li>Black eyes.</li><li>Brown eyes.</li><li>Grey eyes.</li></ul></li></ul>Freckles. The skin <ul><li>Tono:<ul><li>Dark</li><li>Fair</li></ul></li></ul>

SECTION 4. CHART 4.7. FOOD VOCABULARY

COMIDA	FOOD	COMIDA	FOOD
• El arroz	• The rice	• Las judías verdes	• String beans
• El atún	• The tuna	• La leche	• Milk
• El azúcar (la)	• The sugar	• La lechuga	• Lettuce
• La barra de pan	• The bread loaf	• Las legumbres	• Vegetables, pulses
• El bistec	• The steak	• La mantequilla	• Butter
• El bocadillo	• The sándwich	• La manzana	• Apple
• Los calamares	• The squid	• Los mariscos	• Seafood
• El caramelo	• The boiled sweet	• La mermelada	• Jam
• La carne	• The meat	• La naranja	• Orange
• La cebolla	• The onion	• La nata	• Cream
• Los cereales	• The cereals	• El pan	• Bread
• La cerveza	• The beer	• El pastel	• Cake, pie
• El chocolate caliente	• The hot chocolate	• La patata	• Potato
• La col	• The cabbage	• La pera	• Pear
• Los champiñones	• Mushrooms	• El perrito caliente	• Hot dog
• El chorizo	• Sausage	• El pescado	• Fish
• La chuleta	• Chop	• La pimienta	• Ground pepper
• Los churros	• Fritters	• El pimiento	• Green pepper
• De cerdo.	• Pork	• El plátano	• Banana
• De cordero.	• Lamb	• El pollo	• Chicken
• De ternera	• Veal	• El queso	• Cheese
• De vaca	• Beef	• La sal	• Salt
• La ensalada	• Salad	• La salchicha	• Sausage
• El filete	• The steak	• El salchichón	• Sausage
• El flan	• The crème caramel	• La salsa	• Souce
• La fresa	• The strawberry	• La sopa	• Soup
• La galleta	• The biscuit	• El té	• Tea
• Las gambas	• Prawns	• El tomate	• Tomato
• El gazpacho	• The cold soup	• La tortilla	• Omelette
• Los guisantes	• The peas	• La tostada	• Toast
• La hamburguesa	• Hamburguer	• Las uvas	• Grapes
• El helado	• The ice-cream	• Las verduras	• Vegetables
• El hielo	• Ice	• El vino (blanco, rosado, tinto)	• Wine (White, rosé, red)
• El huevo	• Egg		
• El jamón de york	• Boiled ham	• La zanahoria	• Carrot
• El jamón serrano	• Cured ham	• El zumo	• Juice

POCO – MUY HECHO	RARE-WELL DONE	LOS NUTRIENTES	NUTRIENTS
- Muy hecho - Al punto - Poco hecho - Crudo	- Well done - Medium - Medium rare - Blue	- La grasa - Las vitaminas - Las proteínas - Los carbohidratos - Las calorías	- The fat - Vitamins - Proteins - Carbos - Calories
VERBOS DE COMER	EATING VERBS	COSAS EN LA MESA	THINGS ON TABLE
- Beber - Cocinar - Desayunar - Comer - Cenar - Pedir	- To drink - To cook - To have breakfast - To eat/ to have lunch - To have dinner - To order	- El vaso - El plato - El tenedor - La copa - La cuchara - El cuchillo - La cuenta - La carta	- Glass - Plate - Fork - The wine glass, trophy - The spoon - The knife - The Bill - La cuenta
LAS COMIDAS	MEALS	SABOR Y PREPARACION	TASTE AND PREPARATION
- La comida basura/rápida - La comida sana - La comida - El desayuno - La merienda - La cena - La bebida - La ración - El trozo - Las tapas	- The junk/fast food - Healthy food - The food/the lunch - Breakfast - The snack - Dinner - The drink - The portion - The piece - Little portion to be served with a drink	- Dulce - Salado - Rico - Frito - Hervido - A la plancha	- Sweet - Savour - Tasty - Fried - Boiled - Grilled
PEOPLE RELATED	PEOPLE RELATED		
- El cocinero/la cocinera - El camarero - La camarera	- The cook - Waiter - Waitress	De primer plato me gustaría tomar…….	As starter I would like to have……
De Segundo plato me gustaría tomar…..	As main course I would like to have…….	De postre plato me gustaría tomar…….	As pudding I would like to have……

SECTION 4. CHART 4.8. WHERE DO YOU LIVE

Vivir en…..	To live in....	Mi barrio/mi pueblo es....	My neighbourhood/ my town is....
a) Un chalet	a) Chalet	a) Industrial	a) Industrial
b) Una casa	b) House	b) Residencial	b) Residential
c) Un piso	c) Flat	c) Limpio/limpia	c) Clean
d) En un bloque moderno	d) In a modern block	d) Sucio/sucia	d) Dirty
e) En un bloque antiguo	e) In an old block	e) Bonito/bonita	e) Beautiful
f) Una granja	f) In a farm	f) Feo/fea	f) Ugly
		g) Moderno/moderna	g) Modern
g) En la costa	g) By the coast	h) Antiguo/antigua	h) Old
h) En el centro	h) In the centre	i) Ruidoso/ruidosa	i) Noisy
i) En la ciudad	i) In the city	j) Tranquilo/tranquila	j) Calm
j) En las afueras de…	j) In the suburbs	k) Contaminado/ contaminada	k) Polluted
k) En un pueblo	k) In a village		
l) En el campo	l) In the countryside		
m) En un barrio	n) En un barrio		
o) En el norte de..	w) En el norte	**EJEMPLO** Vivo en una casa bastante bonita en el centro de un pueblo que se llama Richmond, en las afueras de Londres. Mi pueblo está en el suroeste de Londres y es residencial, muy bonito y antiguo, bastante limpio, tranquilo y poco contaminado.	
p) En el sur de..	x) En el sur		
q) En el este de..	y) En el este		
r) En el oeste de..	z) En el oeste		
s) En el noroeste de..	aa) En el noroeste		
t) En el suroeste de..	bb) En el suroeste		
u) En el noreste de..	cc) En el noreste		
v) En el sureste de..	dd) En el sureste		

SECTION 4. CHART 4.9. CHARACTER DESCRIPTION

Personalidad	Personality	Personalidad - opuesto	Personality - opposite
a) Simpático/a	a) Nice	n) Antipático	p) Not nice
b) Divertido/a	b) Fun	o) Aburrido	q) Boring
c) Hablador/a	c) Talkative	p) Callado/a	r) Quiet
		q) Tímido/a	s) Shy
d) Inteligente	d) Intelligent	r) Tonto/a, Estúpido/a	t) Silly
e) Trabajador/a	e) Hardworking	s) Perezoso	u) Lazy
f) Activo/a, Deportista	f) Active, Sporty		
g) Fuerte	g) Strong	t) Débil	v) Weak
h) Alegre	h) Cheerful	u) Triste	w) Sad
i) Amable, Agradable	i) Kind/Nice	v) Desagradable	x) Unkind
j) Bueno/a	j) Good	w) Malo/a	y) Bad
k) Generoso/a	k) Generous	x) Egoísta	z) Selfish
l) Optimista	l) Optimistic	y) Pesimista	aa) Pesimista
m) Educado	m) Well behaved	z) Maleducado	bb) Rude

SECTION 4. CHART 4.10. USEFUL EXPRESSIONS IN REAL LIFE

ESTRUCTURA MUY ÚTIL – VERY USEFUL STRUCTURE. Example: Me gustaría comprar una entrada.

Quiero – I want
+
Me gustaría - I would like
+
Puedo – I can
+
Necesito – I need
+

+

INFINITIVE
Comprar – to buy
Pagar – to pay
- Con tarjeta – with card
- En efectivo – in cash (monedas: coins, billetes: bills).

Alquilar – to hire, to rent
Reservar – to book
Cambiar – to change (i.e. cambiar dinero, cambiar libras a euros)
Comer – to eat
Beber – to eat
Tomar – to take, to have (drink and eat)
Enviar o Mandar – to send
Usar – to use

Ticket:
Entrada: show (cine, museo, …)
Billete: transport
  Billete de ida…. One way ticket
  Billete de ida y vuelta …return ticket
  De primera/segunda clase o turista

LOCALIZACIÓN – LOCATION

¿Dónde está? -	Where are you?
¿Cómo se va?	How do you go?
¿Está cerca?	Is it near?
¿Está lejos?	Is it far?

VELOCIDAD - SPEED

Rápido	Fast
Lento	Slow

MONEY

Gastar	To spend
Malgastar	To waste
Ahorrar	To save
Ganar	To earn/to win

Caro/a/os/as	Expensive
Barato/a/os/as	Cheap

NECESITAR/PODER – TO NEED/TO BE ABLE TO

Necesito comprar…	I need to buy….
Puedo ir…?	Can I go…..?

TIME

¿Qué hora es?	What time is it?
¿A qué hora es la clase?	At what time is the lesson?
¿A qué hora empieza?	At what time does it start?
¿A qué hora termina?	At what time does it end?
¿A qué hora sale?	At what time does it leave?
¿A qué hora llega?	At what time does it arrive?
Es tarde	It's late
Es pronto	It's soon

ASKING PRICE

¿Cuánto cuesta?	How much does it cost?
¿Cuánto cuestan?	How much do they cost?
Cuesta/cuestan 9 euros.	Costs/cost 9 euro.

Game
Beginner level
Revision & Practice

INSTRUCTIONS

1. Choose 5 decks of cards and assign them a number. When the players finish all the cards from one deck it can be substituted by a new deck. You can use a table similar to table 1.
2. Roll the die and move your token the number of spaces indicated on the die, in any direction. Answer a question from the deck which number is written in the board space. Move again if you give the correct answer.
3. If you give the incorrect answer, next player will play (the one on your left).
4. Objective: answer one question correctly in the triangle spaces for each of the decks being played.

DECKS CHOSEN TO PLAY (table 1)

Decks chosen to play	Topic First chosen	Topic Second chosen	Topic Third chosen	Topic Forth chosen
Deck 1				
Deck 2				
Deck 3				
Deck 4				
Deck 5				

PLAYERS SUCCESS (questions answered in the triangle spaces)

Decks chosen to play	Player 1	Player 2	Player 3	Player 4
Deck 1				
Deck 2				
Deck 3				
Deck 4				
Deck 5				

Spanish beginner level – Revision & Practice

GAME BOARD

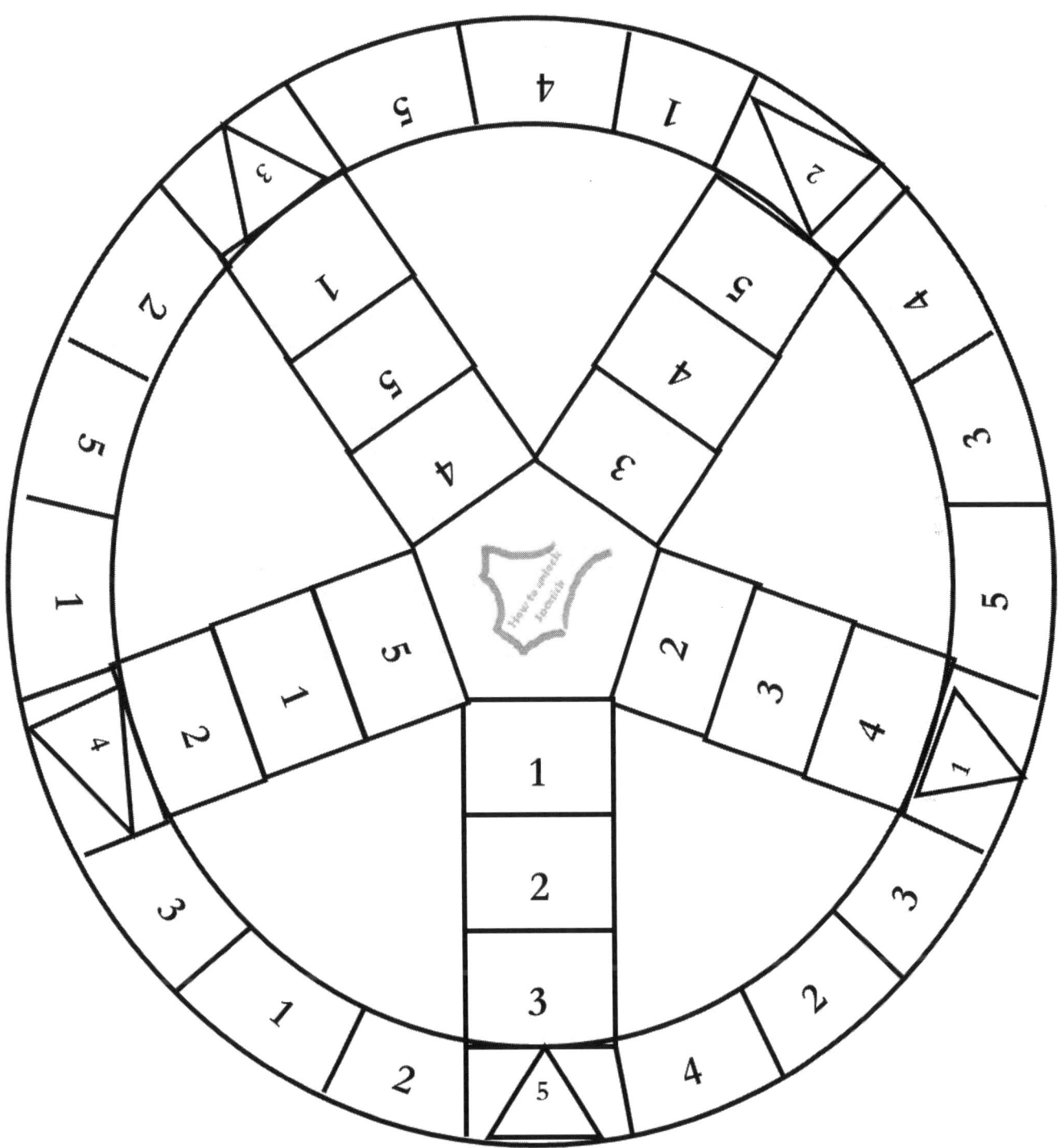

LEARNING PATH THREE: FLASHCARDS INDEX

Herewith you can check which exercises and charts are related to each deck of cards. The cards do not include all the content, but they are a good tool to revise each topic and test your knowledge. Cards can be divided into different decks when you revise, you may separate the ones you do not know to revise them in a week time, earlier or later.

FLASHCARDS	EXERCISES	SUMMARY CHARTS
5.1. Numbers, dates and the time.	1.6.: Practice the numbers, dates and seasons.	3.1. The numbers and time expressions. 3.2. The time
5.2.-The family.	1.8.: Practice the family and related expressions.	4.1. The family.
5.3.-The weather	1.10.: Practice the weather.	3.1. Numbers and time expressions. 3.3. The weather.
5.4.-The cloths.	1.7.: Practice the articles, demonstratives, possessives, ser&estar, cloths.	2.5. Verbs of cloths 3.4. The articles and adjectives 3.6. The colours and main adjectives 4.3. The cloths
5.5.-The rooms in the house	1.11. Practice the rooms of the house.	4.4. The rooms of a house
5.6.-Furniture. (includes prepositions of where things are).	1.12. Practice the furniture and where things are.	3.7. Prepositions of where things are. 4.5. The furniture.
5.7.-Parts of the body, it hurts.	1.9.: Practice "gustar" and similar verbs	2.6. Verbs like "gustar". 4.2. The parts of the body, sicknesses and remedies
5.8. Daily routine	1.1.: Practice the regular present tense 1.2.: Practice the regular present tense, reflexive verbs and daily routine 1.3.: Practice the irregular present tense, verbs type 1 1.4.: Practice the irregular present tense, reflexive verbs	2.1. Present tense verbs 2.3. Verbs of movement 2.4. Verbs of daily routine
5.9. Ser, estar &tener and where do you live.	1.5.: Practice the irregular present tense verbs type 3 and 4, including "ser", "estar" and "tener" 1.13. Practice where do you live.	2.1. Present tense verbs 2.2. To be: verbs ser, estar & tener 4.8. Where do you live.
5.10. The food.	1.9.: Practice "gustar" and similar verbs	2.6. Verbs like "gustar". 4.7. Food vocabulary
5.11. Physical and character description, comparisons and superlatives	1.14. Practice the physical and character description and the comparatives and superlatives.	3.8. Comparatives and superlatives 4.6. Physical description 4.9. Character description
5.12. Useful expressions	1.15. Practice the useful expressions.	3.5. Interrogative pronouns and main questions. 4.10. Useful expressions in real life

SECTION 5: FLASHCARDS 5.1.-Topic: Numbers, dates and the time.	**1** NUMBERS, DATES AND TIME Translate: January February March	**2** NUMBERS, DATES AND TIME Translate: April May June
3 NUMBERS, DATES AND TIME Translate: July August September	**4** NUMBERS, DATES AND TIME Translate: October November December	**5** NUMBERS, DATES AND TIME Translate: Spring Summer Autumn Winter
6 NUMBERS, DATES AND TIME Translate: Day, Week Month, Year Season	**7** NUMBERS, DATES AND TIME Translate: Monday, Tuesday, Wednesday, Thursday, Friday, Saturday, Sunday, Weekend	**8** NUMBERS, DATES AND TIME Translate: Next month, Last week
9 NUMBERS, DATES AND TIME Translate: What day is it today? Today is the 13th of June, 2019	**10** NUMBERS, DATES AND TIME Translate: My birthday is the 5th of May.	**11** NUMBERS, DATES AND TIME Translate: At what time is the lesson?
12 NUMBERS, DATES AND TIME Translate: At what time do you go to school/work?	**13** NUMBERS, DATES AND TIME Translate: What time is it? It's 9:00am.	**14** NUMBERS, DATES AND TIME Translate: At what time is breakfast? It's at 8:15 am.
15 NUMBERS, DATES AND TIME Translate: At what time is dinner? It's at 20:00 pm.	**16** NUMBERS, DATES AND TIME Translate: What time is it? 12:45 pm.	**17** NUMBERS, DATES AND TIME Translate: What time is it? 5:25 pm

2 NÚMEROS, FECHAS, HORAS Traducir: Abril Mayo Junio	1 NÚMEROS, FECHAS, HORAS Traducir: Enero Febrero Marzo	SECTION 5: TARJETAS 5.1.-Tema: Números, fechas y horas
5 NÚMEROS, FECHAS, HORAS Traducir: Primavera Verano Otoño Invierno	4 NÚMEROS, FECHAS, HORAS Traducir: Octubre Noviembre Diciembre	3 NÚMEROS, FECHAS, HORAS Traducir: Julio Agosto Septiembre
8 NÚMEROS, FECHAS, HORAS Traducir: El próximo mes La semana pasada.	7 NÚMEROS, FECHAS, HORAS Traducir: Lunes, martes, miércoles, jueves, viernes, sábado, domingo fin de semana	6 NÚMEROS, FECHAS, HORAS Traducir: Día, semana, mes, año, estación.
11 NÚMEROS, FECHAS, HORAS Traducir: ¿A qué hora es la clase?	10 NÚMEROS, FECHAS, HORAS Traducir: Mi cumpleaños es el cinco de mayo.	9 NÚMEROS, FECHAS, HORAS Traducir: ¿Qué día es hoy? Hoy es trece de junio de dos mil diecinueve.
14 NÚMEROS, FECHAS, HORAS Traducir: ¿A qué hora es el desayuno? El desayuno es a las ocho y cuarto de la mañana.	13 NÚMEROS, FECHAS, HORAS Traducir: ¿Qué hora es? Son las nueve en punto de la mañana.	12 NÚMEROS, FECHAS, HORAS Traducir: ¿A qué hora vas al colegio/trabajo?
17 NÚMEROS, FECHAS, HORAS Traducir: ¿Qué hora es? Son las cinco y veinticinco de la tarde.	16 NÚMEROS, FECHAS, HORAS Traducir: ¿Qué hora es? Es la una menos cuarto de la tarde.	15 NÚMEROS, FECHAS, HORAS Traducir: ¿A qué hora es la cena? La cena es a las ocho en punto de la noche.

SECTION 5: FLASHCARDS 5.2.-Topic: the family	1 FAMILY <u>Translate:</u> Grandfather Grandmother Grandparents	2 FAMILY <u>Translate:</u> Father Mother Parents
3 FAMILY <u>Translate:</u> Son Daughter Sons and dauthers	4 FAMILY <u>Translate:</u> Cousin Cousins	5 FAMILY <u>Translate:</u> Grandson Granddaughter Grandchildren
6 FAMILY <u>Translate:</u> I get along with my sister	7 FAMILY <u>Translate:</u> My father annoys me.	8 FAMILY <u>Translate:</u> My husband is called Pedro.
9 FAMILY <u>Translate:</u> He is my boyfriend. We get married next Saturday.	10 FAMILY <u>Translate:</u> My brothers and sisters in law are annoying.	11 FAMILY <u>Translate:</u> People get divorced because they don't get along.
12 FAMILY <u>Translate:</u> The daughter of my stepdad is my stepsister	13 FAMILY <u>Translate:</u> They are my parents in law.	14 FAMILY <u>Translate:</u> I have two daughters in law and one son in law.
15 FAMILY <u>Translate:</u> My sisters and my brothers do not have children	16 FAMILY <u>Translate:</u> We are 20 grandchildren in my family.	17 FAMILY <u>Translate:</u> I am an only child but they are a large family.

2 LA FAMILIA Traduce: Padre Madre Padres	1 LA FAMILIA Traduce: Abuelo Abuela Abuelos	SECCION 5: TARJETAS 5.2.-Tema: la familia
5 LA FAMILIA Traduce: Nieto Nieta Nietos	4 LA FAMILIA Traduce: Primo Prima Primos	3 LA FAMILIA Traduce: Hijo Hija Hijos
8 LA FAMILIA Traduce: Mi marido se llama Pedro.	7 LA FAMILIA Traduce: Mi padre me fastidia. Mi padre me molesta.	6 LA FAMILIA Traduce: Me llevo bien con mi hermana.
11 LA FAMILIA Traduce: La gente se divorcia porque no se lleva bien.	10 LA FAMILIA Traduce: Mis cuñados me molestan.	9 LA FAMILIA Traduce: Él es mi novio. Nos casamos el sábado.
14 LA FAMILIA Traduce: Tengo dos nueras y un yerno.	13 LA FAMILIA Traduce: Ellos son mis suegros.	12 LA FAMILIA Traduce: La hija de mi padrastro es mi hermanastra.
17 LA FAMILIA Traduce: Soy hijo único pero ellos son una familia numerosa.	16 LA FAMILIA Traduce: Nosotros somos 20 nietos. En mi familia hay 20 nietos.	15 LA FAMILIA Traduce: Mis hermanos no tienen hijos.

SECTION 5: FLASHCARDS 5.3.-Topic: the weather	1 THE WEATHER Translate: It´s hot.	2 THE WEATHER Translate: It´s cold.
3 THE WEATHER Translate: It´s good weather.	4 THE WEATHER Translate: It´s bad weather.	5 THE WEATHER Translate: It´s windy.
6 THE WEATHER Translate: It´s sunny.	7 THE WEATHER Translate: It´s stormy.	8 THE WEATHER Translate: It´s foggy.
9 THE WEATHER Translate: It´s raining.	10 THE WEATHER Translate: It´s snowing.	11 THE WEATHER Translate: It rains.
12 THE WEATHER Translate: It snows.	13 THE WEATHER Translate: I am hot.	14 THE WEATHER Translate: I am cold.
15 THE WEATHER Translate: What's the weather like?	16 THE WEATHER Translate: In winter it's cold and it snows.	17 THE WEATHER Translate: In spring it's sunny and it rains.

2 EL TIEMPO/EL CLIMA Traduce: Hace frío.	1 EL TIEMPO/EL CLIMA Traduce: Hace calor.	SECCION 5: TARJETAS 5.3.-Tema: el tiempo y el clima
5 EL TIEMPO/EL CLIMA Traduce: Hace viento.	4 EL TIEMPO/EL CLIMA Traduce: Hace mal tiempo.	3 EL TIEMPO/EL CLIMA Traduce: Hace buen tiempo.
8 EL TIEMPO/EL CLIMA Traduce: Está nublado.	7 EL TIEMPO/EL CLIMA Traduce: Hay tormenta.	6 EL TIEMPO/EL CLIMA Traduce: Hace sol.
11 EL TIEMPO/EL CLIMA Traduce: Llueve.	10 EL TIEMPO/EL CLIMA Traduce: Está nevando.	9 EL TIEMPO/EL CLIMA Traduce: Está lloviendo.
14 EL TIEMPO/EL CLIMA Traduce: Tengo frío.	13 EL TIEMPO/EL CLIMA Traduce: Tengo calor.	12 EL TIEMPO/EL CLIMA Traduce: Nieva.
17 EL TIEMPO/EL CLIMA Traduce: En primavera hace calor y llueve.	16 EL TIEMPO/EL CLIMA Traduce: En invierno hace frío y nieva.	15 EL TIEMPO/EL CLIMA Traduce: ¿Qué tiempo hace?

SECTION 5: FLASHCARDS 5.4.-Topic: the cloths.	1 CLOTHS – LABEL, SIZE, PRICE Size: S/M/L Price: $	2 CLOTHS – SALES, DISCOUNT -50%
3 CLOTHS - SHIRT	4 CLOTHS - BLOUSE	5 CLOTHS -T-SHIRT
6 CLOTHS - DRESS	7 CLOTHS - SKIRT	8 CLOTHS - PANTS
9 CLOTHS - JEANS	10 CLOTHS - JACKET	11 CLOTHS - COAT
12 CLOTHS - HOODIE	13 CLOTHS - JUMPER	14 CLOTHS – FLIP FLOPS – SANDALS
15 CLOTHS - BOOTS	16 CLOTHS - GLOVES	17 CLOTHS - SOCKS

2 LA ROPA – LAS REBAJAS, EL DESCUENTO -50%	1 LA ROPA – LA ETIQUETA, TALLA, PRECIO Talla: S/M/L Precio: €	SECCION 5: TARJETAS 5.4.-Tema: la ropa
5 LA ROPA-LA CAMISETA	4 LA ROPA – LA BLUSA	3 LA ROPA – LA CAMISA
8 LA ROPA – LOS PANTALONES	7 LA ROPA – LA FALDA	6 LA ROPA – EL VESTIDO
11 LA ROPA – EL ABRIGO	10 LA ROPA – LA CHAQUETA	9 LA ROPA – LOS VAQUEROS
14 LA ROPA – LAS CHANCLAS, LAS SANDALIAS	13 LA ROPA – EL JERSEY	12 LA ROPA – LA SUDADERA
17 LA ROPA – LOS CALCETINES	16 LA ROPA – LOS GUANTES	15 LA ROPA – LAS BOTAS

34 CLOTHS Translate: I wear uniform. To take off cloths	35 CLOTHS Translate: To get dressed To get undressed To put on	18 CLOTHS – TIE
19 CLOTHS – TRAINERS	20 CLOTHS - SHOES	21 CLOTHS -SKARF
22 CLOTHS - HAT	23 CLOTHS - CAP	24 CLOTHS - HAT
25 CLOTHS - GLASSES	26 CLOTHS - BELT	27 CLOTHS - BAG
28 CLOTHS – BACK PACK	29 CLOTHS - EARINGS	30 CLOTHS – BRACELET
31 CLOTHS - NECKLESS	32 CLOTHS - RING	33 CLOTHS – WATCH=CLOCK

18 LA ROPA – LA CORBATA	35 LA ROPA Traducir: Vestirse Desvestirse Ponerse …la ropa	34 LA ROPA Traducir: Llevo uniforme. Quitarse la ropa.
21 LA ROPA -LA BUFANDA	20 LA ROPA – LOS ZAPATOS	19 LA ROPA – LAS ZAPATILLAS DE DEPORTE
24 LA ROPA – EL GORRO	23 LA ROPA – LA GORRA	22 LA ROPA – EL SOMBRERO
27 LA ROPA – EL BOLSO	26 LA ROPA – EL CINTURÓN	25 LA ROPA – LAS GAFAS
30 LA ROPA – LA PULSERA	29 LA ROPA – LOS PENDIENTES	28 LA ROPA – LA MOCHILA
33 LA ROPA – EL RELOJ	32 LA ROPA – EL ANILLO	31 LA ROPA – EL COLLAR

SECTION 5: FLASHCARDS 5.5.-Topic: the rooms in the house.	17.ROOMS In my house there is…….. My house has…………	1.ROOMS – CORRIDOR
2 ROOMS – LIVING ROOM	3.ROOMS – DINING ROOM	4.ROOMS - KITCHEN
5.ROOMS - STUDY	6.ROOMS - BATHROOM	7.ROOMS - TOILET
8.ROOMS - SHOWER	9.ROOMS - BEDROOM	10.ROOMS – STAIRS
11. ROOMS - GARDEN	12.ROOMS - BALCONY	13 . ROOMS - LIFT
14.ROOMS - GARAGE	15.ROOMS - POOL	16.ROOMS - ENTRANCE

1 HABITACIONES – EL PASILLO	17. HABITACIONES En mi casa hay…….. Mi casa tiene………….	SECCION 5: TARJETAS 5.5.-Tema: las habitaciones de una casa
4. HABITACIONES – LA COCINA	3. HABITACIONES – EL COMEDOR	2 HABITACIONES – EL SALÓN
7. HABITACIONES – EL ASEO	6. HABITACIONES – EL CUARTO DE BAÑO	5. HABITACIONES – EL ESTUDIO-DESPACHO
10. HABITACIONES – LAS ESCALERAS	9. HABITACIONES – EL DORMITORIO LA HABITACIÓN (=HOTEL)	8. HABITACIONES – LA DUCHA
13. HABITACIONES – EL ASCENSOR	12. HABITACIONES – EL BALCÓN	11. HABITACIONES – EL JARDÍN
16. HABITACIONES – LA ENTRADA	15. HABITACIONES – LA PISCINA	14. HABITACIONES – EL GARAJE

Spanish beginner level – Revision & Practice

SECTION 5: FLASHCARDS 5.6.-Topic: Furniture.	30. FURNITURE –THE VASE IS OVER THE TABLE	31. FURNITURE –THE VASE IS UNDER THE TABLE
1. FURNITURE –OVEN	2. FURNITURE – FRIDGE FREEZER	3. FURNITURE –DISH WASHER
4. FURNITURE –WASHING MACHINE	5. FURNITURE –TAP	6. FURNITURE –MIRROR
7. FURNITURE –SINK	8. FURNITURE –EL MICROWAVE	9. FURNITURE –SHOWER
10. FURNITURE –BATH TUBE	11. FURNITURE –THE SINK	12. FURNITURE –WC
13. FURNITURE –KEY	14. FURNITURE –WINDOW	15. FURNITURE –CURTAIN

31. MUEBLES – EL FLORERO ESTÁ DEBAJO DE LA MESA	30. MUEBLES – EL FLORERO ESTÁ ENCIMA DE LA MESA	SECCION 5: TARJETAS 5.6.-Tema: Los muebles
3. MUEBLES – EL LAVAPLATOS	2. MUEBLES – la nevera -el congelador -el frigorífico	1. MUEBLES – EL HORNO
6. MUEBLES – EL ESPEJO	5. MUEBLES – EL GRIFO	4. MUEBLES – LA LAVADORA
9. MUEBLES – LA DUCHA	8. MUEBLES – EL MICROONDAS	7. MUEBLES – EL FREGADERO
12. MUEBLES – EL INODORO	11. MUEBLES – EL LAVABO	10. MUEBLES – LA BAÑERA
15. MUEBLES – LA CORTINA	14. MUEBLES – LA VENTANA	13. MUEBLES – LA LLAVE

Spanish beginner level – Revision & Practice

32. FURNITURE –THE VASE IS AT THE RIGHT SIDE OF THE TABLE	33. FURNITURE – THE VASE IS AT THE LEFT SIDE OF THE TABLE	34. FURNITURE –THE VASE IS BEHIND THE TABLE
35. FURNITURE –THE CHAIR IS IN FRONT OF THE BOOKCASE	16. FURNITURE –DOOR	17. FURNITURE –HEATING
18. FURNITURE –CHAIR	19. FURNITURE –TABLE	20. FURNITURE –BIN
21. FURNITURE – CUPBOARD	22. FURNITURE –BED	23. FURNITURE – SOFA
24. FURNITURE – ARMCHAIR	25. FURNITURE – SHELVES-BOOKCASE	26. FURNITURE – PICTURE/POSTER
27. FURNITURE – PLANT	28. FURNITURE – FLOWER-FLOWER VASE	29. FURNITURE – RUG-CARPET

34. MUEBLES –EL FLORERO ESTÁ DETRÁS DE LA MESA	33. MUEBLES – EL FLORERO ESTÁ A LA IZQUIERDA DE LA MESA	32. MUEBLES –EL FLORERO ESTÁ A LA DERECHA DE LA MESA
17. MUEBLES –LA CALEFACCION	16. MUEBLES –LA PUERTA	35. MUEBLES –LA SILLA ESTÁ EN FRENTE DE LA ESTANTERÍA
20. MUEBLES –LA PAPELERA	19. MUEBLES –LA MESA	18. MUEBLES –LA SILLA
23. MUEBLES – EL SOFA	22. MUEBLES –LA CAMA	21. MUEBLES – EL ARMARIO
26. MUEBLES – EL CUADRO/PÓSTER	25. MUEBLES – LA ESTANTERIA-EL ESTANTE	24. MUEBLES – EL SILLON
29. MUEBLES – LA ALFOMBRA	28. MUEBLES – LA FLOR, EL FLORERO	27. MUEBLES – LA PLANTA

SECTION 5: FLASHCARDS 5.7.-Topic: parts of the body, it hurts.	1 PARTS OF THE BODY SICKNESS/REMEDIES Translate: My back hurts	2 PARTS OF THE BODY SICKNESS/REMEDIES Translate: His knees hurt
3 PARTS OF THE BODY SICKNESS/REMEDIES Translate: Your head hurts. You need a tablet.	4 PARTS OF THE BODY SICKNESS/REMEDIES Translate: Our legs hurt. We need to apply cream.	5 PARTS OF THE BODY SICKNESS/REMEDIES Translate: Their throat hurt. They need a syrup.
6 PARTS OF THE BODY SICKNESS/REMEDIES Translate: I have a cold. I need syrup and an aspirine.	7 PARTS OF THE BODY SICKNESS/REMEDIES Translate: You are all sick.	8 PARTS OF THE BODY SICKNESS/REMEDIES Translate: My leg is broken.
9 PARTS OF THE BODY SICKNESS/REMEDIES Translate: Are you dizzy? You should drink water.	10 PARTS OF THE BODY SICKNESS/REMEDIES Translate: We have the flu.	11 PARTS OF THE BODY SICKNESS/REMEDIES Translate: I have got a sunburn.
12 PARTS OF THE BODY SICKNESS/REMEDIES Translate: You have a temperature.	13 PARTS OF THE BODY SICKNESS/REMEDIES Translate: They have been bitten.	14 PARTS OF THE BODY SICKNESS/REMEDIES Translate: My teeth hurt.
15 PARTS OF THE BODY SICKNESS/REMEDIES Translate: I don´t feel good	16 PARTS OF THE BODY SICKNESS/REMEDIES Translate: Your inner ears hurt.	17 PARTS OF THE BODY SICKNESS/REMEDIES Translate: You have got a cough.

2 PARTES DEL CUERPO/ ENFERMEDADES Y REMEDIOS <u>Traducir:</u> Le duelen las rodillas.	**1** PARTES DEL CUERPO/ ENFERMEDADES Y REMEDIOS <u>Traducir:</u> Me duele la espalda	**SECCION 5:** **TARJETAS** 5.7.-Tema: partes del cuerpo, me duele
5 PARTES DEL CUERPO/ ENFERMEDADES Y REMEDIOS <u>Traducir:</u> Les duele la garganta. Necesitan jarabe.	**4** PARTES DEL CUERPO/ ENFERMEDADES Y REMEDIOS <u>Traducir:</u> Nos duelen las piernas. Necesitamos ponernos/ aplicarnos crema.	**3** PARTES DEL CUERPO/ ENFERMEDADES Y REMEDIOS <u>Traducir:</u> Te duele la cabeza. Necesitas una pastilla.
8 PARTES DEL CUERPO/ ENFERMEDADES Y REMEDIOS <u>Traducir:</u> Mi pierna está rota.	**7** PARTES DEL CUERPO/ ENFERMEDADES Y REMEDIOS <u>Traducir:</u> Estáis todos enfermos.	**6** PARTES DEL CUERPO/ ENFERMEDADES Y REMEDIOS <u>Traducir:</u> Tengo un resfriado. Necesito jarabe y una aspirina.
11 PARTES DEL CUERPO/ ENFERMEDADES Y REMEDIOS <u>Traducir:</u> Tengo una quemadura.	**10** PARTES DEL CUERPO/ ENFERMEDADES Y REMEDIOS <u>Traducir:</u> Tenemos la gripe.	**9** PARTES DEL CUERPO/ ENFERMEDADES Y REMEDIOS <u>Traducir:</u> ¿Estás mareado? Deberías beber agua.
14 PARTES DEL CUERPO/ ENFERMEDADES Y REMEDIOS <u>Traducir:</u> Me duelen los dientes.	**13** PARTES DEL CUERPO/ ENFERMEDADES Y REMEDIOS <u>Traducir:</u> Tienen una picadura.	**12** PARTES DEL CUERPO/ ENFERMEDADES Y REMEDIOS <u>Traducir:</u> Tienes fiebre.
17 PARTES DEL CUERPO/ ENFERMEDADES Y REMEDIOS <u>Traducir:</u> Tienes un catarro/resfriado/constipado.	**16** PARTES DEL CUERPO/ ENFERMEDADES Y REMEDIOS <u>Translate:</u> Te duelen los oídos.	**15** PARTES DEL CUERPO/ ENFERMEDADES Y REMEDIOS <u>Translate:</u> No me siento bien= No me encuentro bien.

SECTION 5: FLASHCARDS 5.8.-Topic: daily routine.	1 DAILY ROUTINE Translate: I wake up at 7 o'clock.	2 DAILY ROUTINE Translate: You get up at half past 8.
3 DAILY ROUTINE Translate: He has breakfast everyday at nine o'clock.	4 DAILY ROUTINE Translate: I leave the house at a quarter past nine on Mondays.	5 DAILY ROUTINE Translate: I catch the bus at nine twenty.
6 DAILY ROUTINE Translate: The school/work starts at eight o'clock.	7 DAILY ROUTINE Translate: We have lunch at the canteen in the office/school.	8 DAILY ROUTINE Translate: They come back home at 5.15 p.m.
9 DAILY ROUTINE Translate: I have a shower at eight thirty.	10 DAILY ROUTINE Translate: You have a bath at 7:20 p.m.	11 DAILY ROUTINE Translate: He has dinner at 6.30 p.m..
12 DAILY ROUTINE Translate: You all watch tv after dinner.	13 DAILY ROUTINE Translate: We all wash out teeth before going to bed.	14 DAILY ROUTINE Translate: She goes to bed at 10 o'clock.
15 DAILY ROUTINE Translate: He shaves before going to work.	16 DAILY ROUTINE Translate: She does her make up after having a bath.	17 DAILY ROUTINE Translate: We wash our face before leaving home.

2 **LA RUTINA DIARIA** Traducir: Te levantas a las ocho y media.	1 **LA RUTINA DIARIA** Traducir: Me despierto a las siete en punto.	SECTION 5: TARJETAS 5.8.-Tema: la rutina diaria.
5 **LA RUTINA DIARIA** Traducir: Cojo/tomo el autobús a las nueve y veinte.	4 **LA RUTINA DIARIA** Traducir: Salgo de casa a las nueve y cuarto los lunes (o todos los lunes).	3 **LA RUTINA DIARIA** Traducir: Él toma el desayuno (o desayuna) todos los días a las nueve en punto.
8 **LA RUTINA DIARIA** Traducir: Ellos vuelven a casa a las cinco y cuarto de la tarde.	7 **LA RUTINA DIARIA** Traducir: Nosotros comemos en la cantina de la oficina/del colegio.	6 **LA RUTINA DIARIA** Traducir: El colegio/trabajo empieza a las ocho en punto.
11 **LA RUTINA DIARIA** Traducir: Él cena a las seis y media de la tarde.	10 **LA RUTINA DIARIA** Traducir: Tú te bañas a las siete y veinte de la noche.	9 **LA RUTINA DIARIA** Traducir: Me ducho a las ocho y media.
14 **LA RUTINA DIARIA** Traducir: Ella se acuesta a las diez en punto.	13 **LA RUTINA DIARIA** Traducir: Nosotros nos lavamos los dientes antes de ir a la cama.	12 **LA RUTINA DIARIA** Traducir: Vosotros veis la televisión (tele) después de cenar.
17 **LA RUTINA DIARIA** Traducir: Nos lavamos la cara antes de salir de casa.	16 **LA RUTINA DIARIA** Traducir: Ella se maquilla después de bañarse.	15 **LA RUTINA DIARIA** Traducir: Él se afeita antes de ir a trabajar.

SECTION 5: FLASHCARDS 5.9.-Topic: to be & to have. Where do you live.	**1** TO BE & TO HAVE. WHERE YOU LIVE <u>Translate:</u> I am from Spain but I live in London.	**2** TO BE & TO HAVE. WHERE YOU LIVE <u>Translate:</u> I am in the north of Spain, I am cold.
3 TO BE & TO HAVE. WHERE YOU LIVE <u>Translate:</u> I am a teacher, I have to teach.	**4** TO BE & TO HAVE. WHERE YOU LIVE <u>Translate:</u> He is in a flat in the centre of the town.	**5** TO BE & TO HAVE. WHERE YOU LIVE <u>Translate:</u> She lives in a house in the outskirts of the city.
6 TO BE & TO HAVE. WHERE YOU LIVE <u>Translate:</u> She is my daughter .	**7** TO BE & TO HAVE. WHERE YOU LIVE <u>Translate:</u> My neighbourhood is quiet and old.	**8** TO BE & TO HAVE. WHERE YOU LIVE <u>Translate:</u> They live in a farm. The farm is in the countryside.
9 TO BE & TO HAVE. WHERE YOU LIVE <u>Translate:</u> Barcelona is on the coast of Spain.	**10** TO BE & TO HAVE. WHERE YOU LIVE <u>Translate:</u> I am scared.	**11** TO BE & TO HAVE. WHERE YOU LIVE <u>Translate:</u> He is my husband. He is from Spain.
12 TO BE & TO HAVE. WHERE YOU LIVE <u>Translate:</u> Your house has three floors, I live close to the mountains.	**13** TO BE & TO HAVE. WHERE YOU LIVE <u>Translate:</u> You are right. I am ugly.	**14** TO BE & TO HAVE. WHERE YOU LIVE <u>Translate:</u> I am hungry, I have to eat.
15 TO BE & TO HAVE. WHERE YOU LIVE <u>Translate:</u> I am thirsty, I have to drink.	**16** TO BE & TO HAVE. WHERE YOU LIVE <u>Translate:</u> We are tired.	**17** TO BE & TO HAVE. WHERE YOU LIVE <u>Translate:</u> I am fifteen year's old.

2 SER, ESTAR Y TENER Traducir: Estoy en el norte de España, tengo frío.	1 SER, ESTAR Y TENER Traducir: Soy de España pero vivo en Londres.	SECTION 5: TARJETAS 5.9.-Tema: ser, estar y tener.
5 SER, ESTAR Y TENER Traducir: Ella vive en una casa en las afueras de la ciudad.	4 SER, ESTAR Y TENER Traducir: Él está en un piso en el centro del pueblo.	3 SER, ESTAR Y TENER Traducir: Soy un profesor (una profesora), Tengo que enseñar.
8 SER, ESTAR Y TENER Traducir: Ellos viven en una granja. La granja está en el campo.	7 SER, ESTAR Y TENER Traducir: Mi barrio es tranquilo y antiguo.	6 SER, ESTAR Y TENER Traducir: Ella es mi hija .
11 SER, ESTAR Y TENER Traducir: Él es mi marido. Él es de España.	10 SER, ESTAR Y TENER Traducir: Tengo miedo.	9 SER, ESTAR Y TENER Traducir: Barcelona está en la costa de España.
14 SER, ESTAR Y TENER Traducir: Tengo hambre, tengo que comer.	13 SER, ESTAR Y TENER Traducir: Tienes razón. Soy feo.	12 SER, ESTAR Y TENER Traducir: Tu casa tiene tres pisos, vivo cerca de las montañas.
17 SER, ESTAR Y TENER Traducir: Tengo quince años.	16 SER, ESTAR Y TENER Traducir: Estamos cansados.	15 SER, ESTAR Y TENER Traducir: Tengo sed, tengo que beber.

SECTION 5: FLASHCARDS 5.10.-Topic: food	**1 FOOD** Translate: I eat a hamburguer	**2 FOOD** Translate: I have a coffee for breakfast.
3 FOOD Translate: I want to eat a calamari portion.	**4 FOOD** Translate: I don't like onion.	**5 FOOD** Translate: I don't eat meat because I am a vegetarian.
6 FOOD Translate: He eats a sandwich for a snack.	**7 FOOD** Translate: I eat pasta in Italian restaurants.	**8 FOOD** Translate: I am eighteen year's old, I drink beer.
9 FOOD Translate: I would like to eat a salad.	**10 FOOD** Translate: the fries have much oil.	**11 FOOD** Translate: I don't eat sweets.
12 FOOD Translate: She drinks tea with sugar and milk.	**13 FOOD** Translate: Pizza is fast food.	**14 FOOD** Translate: I want an orange juice without sugar.
15 FOOD Translate: I like ham sandwiches.	**16 FOOD** Translate: I always have a toast for breakfast.	**17 FOOD** Translate: The paella is rice.

2 LA COMIDA Traducir: tomo café para desayunar.. 	**1 LA COMIDA** Traducir: Como una hamburguesa. 	**SECTION 5: TARJETAS** 5.10.-Tema: la comida
5 LA COMIDA Traducir: No como carne porque soy vegetarian/a. 	**4 LA COMIDA** Traducir: No me gusta la cebolla. 	**3 LA COMIDA** Traducir: Quiero comer una ración de calamares. 
8 LA COMIDA Traducir: tengo dieciocho años, bebo cerveza. 	**7 LA COMIDA** Traducir: Como pasta en restaurantes italianos. 	**6 LA COMIDA** Traducir: Él come un bocadillo para merendar. 
11 LA COMIDA Traducir: No como caramelos. 	**10 LA COMIDA** Traducir: las patatas fritas tienen mucho aceite. 	**9 LA COMIDA** Traducir: me gustaría comer una ensalada. 
14 LA COMIDA Traducir: Quiero un zumo de naranja sin azúcar. 	**13 LA COMIDA** Traducir: La pizza es comida rápida. 	**12 LA COMIDA** Traducir: Ella bebe té con azúcar y leche. 
17 LA COMIDA Traducir: La paella es arroz. 	**16 LA COMIDA** Traducir: Siempre como una tostada para desayunar. 	**15 LA COMIDA** Traducir: Me gustan los bocadillos de jamón. 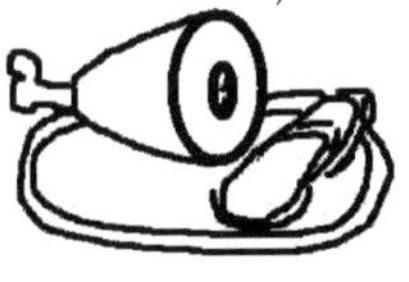

SECTION 5: FLASHCARDS

5.11.- Topic: Physical and character description, comparisons and superlatives

---

1. PHYSICAL AND CHARACTER DESCRIPTION

Translate:
I am tall and I have blond hair.

---

2. PHYSICAL AND CHARACTER DESCRIPTION

Translate:
My sister is taller than my brother.

---

3. PHYSICAL AND CHARACTER DESCRIPTION

Translate:
I am as nice as my mother.

---

4. PHYSICAL AND CHARACTER DESCRIPTION

Translate:
Pedro is the sportiest.

---

5. PHYSICAL AND CHARACTER DESCRIPTION

Translate:
María has more freckles than José.

---

6. PHYSICAL AND CHARACTER DESCRIPTION

Translate:
We have brown hair.

---

7. PHYSICAL AND CHARACTER DESCRIPTION

Translate:
My older sister is Irene.
My sister, Irene, is older than me.

---

8. PHYSICAL AND CHARACTER DESCRIPTION

Translate:
My older sister is Irene.
My younger brother is Juan.

---

9. PHYSICAL AND CHARACTER DESCRIPTION

Translate:
Fiona has red hair and green and very big eyes.

---

10. PHYSICAL AND CHARACTER DESCRIPTION

Translate:
My husband has curly, short and blond hair. He is taller than me.

---

11. PHYSICAL AND CHARACTER DESCRIPTION

Translate:
Roberto is more hardworking and generous and less cheerful.

---

12. PHYSICAL AND CHARACTER DESCRIPTION

Translate:
My boss is the laziest but the most intelligent.

---

13. PHYSICAL AND CHARACTER DESCRIPTION

Translate:
My uncle is more boring than my antie and a little unkind.

---

14. PHYSICAL AND CHARACTER DESCRIPTION

Translate:
You have to be more optimistic.

---

15. PHYSICAL AND CHARACTER DESCRIPTION

Translate:
Is Pedro well-behaved?

---

16. PHYSICAL AND CHARACTER DESCRIPTION

Translate:
The best teacher of the school is the maths teacher.

---

17. PHYSICAL AND CHARACTER DESCRIPTION

Translate:
You are the worst friend.

2 **DESCRIPCIÓN FÍSICA Y PERSONALIDAD** Traducir: Mi hermana es más alta que mi hermano.	1 **DESCRIPCIÓN FÍSICA Y PERSONALIDAD** Traducir: Soy alto/a y tengo el pelo rubio.	**SECTION 5: TARJETAS** 5.11.-Tema: descripción física y personalidad. Comparativos y superlativos.
5 **DESCRIPCIÓN FÍSICA Y PERSONALIDAD** Traducir: María tiene más pecas que José.	4 **DESCRIPCIÓN FÍSICA Y PERSONALIDAD** Traducir: Pedro es el más deportista.	3 **DESCRIPCIÓN FÍSICA Y PERSONALIDAD** Traducir: Soy tan simpático/a como mi madre.
8 **DESCRIPCIÓN FÍSICA Y PERSONALIDAD** Traducir: Mi hermana mayor es Irene. Mi hermano menor es Juan.	7 **DESCRIPCIÓN FÍSICA Y PERSONALIDAD** Traducir: Mi hermana mayor es Irene. Mi hermana Irene es mayor que yo.	6 **DESCRIPCIÓN FÍSICA Y PERSONALIDAD** Traducir: Tenemos el pelo castaño/marrón.
11 **DESCRIPCIÓN FÍSICA Y PERSONALIDAD** Traducir: Roberto es más trabajador y generoso pero menos alegre.	10 **DESCRIPCIÓN FÍSICA Y PERSONALIDAD** Traducir: Mi marido tiene el pelo rizado, corto y rubio. Él es más alto que yo.	9 **DESCRIPCIÓN FÍSICA Y PERSONALIDAD** Traducir: Fiona tiene el pelo pelirrojo y los ojos verdes y muy grandes.
14 **DESCRIPCIÓN FÍSICA Y PERSONALIDAD** Traducir: Tienes que ser más optimista.	13 **DESCRIPCIÓN FÍSICA Y PERSONALIDAD** Traducir: Mi tio es más aburrido que mi tia y un poco desabradable.	12 **DESCRIPCIÓN FÍSICA Y PERSONALIDAD** Traducir: Mi jefe es el más perezoso pero el menos inteligente.
17 **DESCRIPCIÓN FÍSICA Y PERSONALIDAD** Traducir: Eres el peor amigo.	16 **DESCRIPCIÓN FÍSICA Y PERSONALIDAD** Traducir: El mejor profesor del colegio es el profesor de mates.	15 **DESCRIPCIÓN FÍSICA Y PERSONALIDAD** Traducir: ¿Es Pedro educado?

SECTION 5: FLASHCARDS 5.12.-Topic: Useful expressions	1 USEFUL EXPRESSIONS restaurant Calling a restaurant: I would like to book a table for four people, at 2pm, close to the window	2 USEFUL EXPRESSIONS Asking in a restaurant when you already have booking: Good afternoon, I have a booking at 3pm for two people. Mi name is Pablo.
3 USEFUL EXPRESSIONS Asking in a restaurant when you go without a booking: Do you have a table for two?	4 USEFUL EXPRESSIONS Asking in a restaurant: Can you bring the menu?	5 USEFUL EXPRESSIONS restaurant Asking in a restaurant: I would like to have the 8 euro menu, please.
6 USEFUL EXPRESSIONS Ordering at a restaurant: As a starter I would like to have a salad.	7 USEFUL EXPRESSIONS Ordering at a restaurant: As main course I would like fish and chips.	8 USEFUL EXPRESSIONS Ordering at a restaurant: As pudding I would like an strawberry icecream.
9 USEFUL EXPRESSIONS Ordering in a restaurant: To drink I would like sparkling water with ice, please.	10 USEFUL EXPRESSIONS Asking at a restaurant The bill please.	11 USEFUL EXPRESSIONS Saying in a restaurant Waiter, please. I have a problem. The bill is wrong.
12 USEFUL EXPRESSIONS Problems in a restaurant: There is a fly in my soup. My soup is cold.	13 USEFUL EXPRESSIONS restaurant Translate: This cake is very sweet, but it is tasty/delicious.	14 USEFUL EXPRESSIONS restaurant Saying I do not eat meat. I do not eat gluten. I am allergic to milk.
15 USEFUL EXPRESSIONS restaurante Saying: I am hungry I am thirsty Where are the toilets? Please.	16 USEFUL EXPRESSIONS Asking in a restaurant: Can you bring a fork?	17 USEFUL EXPRESSIONS Asking in a restaurant: Can you bring a spoon?

2 **EXPRESIONES ÚTILES:** Preguntar en un <u>restaurante</u> cuando tienes reserva: Buenas tardes, tengo una reserva a las tres de la tarde para dos personas. Mi nombre es Pablo/me llamo Pablo.	1 **EXPRESIONES ÚTILES** Llamar a un <u>restaurante</u>: Me gustaría reservar una mesa para cuatro personas, a las dos de la tarde, cerca de la ventana.	**SECTION 5: TARJETAS** 5.12.-Tema: Expresiones útiles
5 **EXPRESIONES ÚTILES** Preguntar en un <u>restaurante</u>: Me gustaría tomar el menu de 8 euros, porfavor.	4 **EXPRESIONES ÚTILES:** Pedir en un <u>restaurante</u>: ¿Puede traer el menú?	3 **EXPRESIONES ÚTILES:** Preguntar en un <u>restaurante</u> cuando vas sin reserva: ¿Tiene/hay una mesa para dos?
8 **EXPRESIONES ÚTILES:** Pedir en un <u>restaurante</u>: De postre me gustaría un helado de fresa.	7 **EXPRESIONES ÚTILES:** Pedir en un <u>restaurante</u>: De segundo plato me gustaría pescado con patatas fritas.	6 **EXPRESIONES ÚTILES:** Pedir en un <u>restaurante</u>: De primer plato me gustaría tomar una ensalada.
11 **EXPRESIONES ÚTILES** Decir en un <u>restaurante</u>: Camarero, por favor. Tengo un problema. La cuenta está mal.	10 **EXPRESIONES ÚTILES** Pedir en un <u>restaurante</u>. La cuenta, por favor.	9 **EXPRESIONES ÚTILES:** Pedir en un <u>restaurante</u>: Para beber me gustaría agua con gas y hielo. Porfavor.
14 **EXPRESIONES ÚTILES** <u>restaurante</u> Decir: No como carne. No como gluten. Soy alérgico/a a la leche.	13 **EXPRESIONES ÚTILES:** <u>restaurante</u> Traducir: Este pastel es muy dulce, pero está rico/delicioso.	12 **EXPRESIONES ÚTILES:** Problemas en un <u>restaurante</u>: Hay una mosca/animal/algo en mi sopa. Mi sopa está fría.
17 **EXPRESIONES ÚTILES** Pedir en un <u>restaurante</u>: ¿Puede traer una cuchara, porfavor?	16 **EXPRESIONES ÚTILES** Pedir en un <u>restaurante</u>: ¿Puede traer un tenedor, por favor?	15 **EXPRESIONES ÚTILES** <u>restaurante</u> Decir Tengo hambre. Tengo sed. ¿Dónde están los servicios? Por favor.

18 **USEFUL EXPRESSIONS** Asking in a <u>restaurant</u>: I need a knife.	19 **USEFUL EXPRESSIONS** <u>Transport & shows</u> Asking in a bus station: I need a one way ticket to Madrid	20 **USEFUL EXPRESSIONS** <u>Transport & shows</u> Asking in the airport: I would like to buy a return ticket to Barcelona
21 **USEFUL EXPRESSIONS** <u>Transport & shows</u> Asking in the street: Where is the train station?	22 **USEFUL EXPRESSIONS** <u>Transport & shows</u> Asking in the street: Where is the bus stop?	23 **USEFUL EXPRESSIONS** <u>Transport & shows</u> Asking in the street: Is it near?
24 **USEFUL EXPRESSIONS** <u>Transport & shows</u> Asking in the street: Is it far?	25 **USEFUL EXPRESSIONS** <u>Transport & shows</u> Asking in the street: Where is the bank? Is it near? Can I go on foot?	26 **USEFUL EXPRESSIONS** <u>Transport & shows</u> Asking in the street: Where is the market? Is it far? Do I need to go in public transport?
27 **USEFUL EXPRESSIONS** <u>Transport & shows</u> Asking the travel agent: At what time does the plane leave?	28 **USEFUL EXPRESSIONS** <u>Transport & shows</u> Asking the travel agent: At what time does the train arrive?	29 **USEFUL EXPRESSIONS** <u>Transport & shows</u> Saying: I want to take the 7:30 train?
30 **USEFUL EXPRESSIONS** <u>Transport & shows</u> Saying: The train arrives to platform 5?	31 **USEFUL EXPRESSIONS** <u>Transport & shows</u> Telling someone: I want to go by train because it is faster.	32 **USEFUL EXPRESSIONS** <u>Transport & shows</u> Telling someone: I want to go by bus because it is cheaper.
33 **USEFUL EXPRESSIONS** <u>Transport & shows</u> Buying tickets: I would like to buy two tickets to the cinema.	34 **USEFUL EXPRESSIONS** <u>Transport & shows</u> Asking in a cinema: How much does a ticket to the cinema cost?	35 **USEFUL EXPRESSIONS** <u>Transport & shows</u> Asking a friend: At what time does the concert start?

20 EXPRESIONES ÚTILES Transporte y espectáculos Preguntar en un aeropuerto: Me gustaría comprar un billete de ida y vuelta a Barcelona.	19 EXPRESIONES ÚTILES Transporte y espectáculos Pedir en una estación de autobús: Necesito un billete de ida a Madrid.	18 EXPRESIONES ÚTILES Pedir en un restaurante: Necesito un cuchillo.
23 EXPRESIONES ÚTILES Transporte y espectáculos Preguntar en la calle: ¿está cerca?	22 EXPRESIONES ÚTILES Transporte y espectáculos Preguntar en la calle: ¿Dónde está la parada de autobús?	21 EXPRESIONES ÚTILES Transporte y espectáculos Preguntar en la calle: ¿Dónde está la estación de tren?
26 EXPRESIONES ÚTILES Transporte y espectáculos: ¿Dónde está el Mercado? ¿Está lejos? ¿Necesito ir en transporte público?	25 EXPRESIONES ÚTILES Transporte y espectáculos: ¿Dónde está el banco? ¿Está cerca? ¿Puedo ir a pie?	24 EXPRESIONES ÚTILES Transporte y espectáculos: ¿Está lejos?
29 EXPRESIONES ÚTILES Transporte y espectáculos: Quiero coger/tomar el tren de las siete y media.	28 EXPRESIONES ÚTILES Transporte y espectáculos Preguntar a la agencia de viajes: ¿A qué hora llega el tren?	27 EXPRESIONES ÚTILES Transporte y espectáculos Preguntar a la agencia de viajes: ¿A qué hora sale el avión?
32 EXPRESIONES ÚTILES Transporte y espectáculos Decir a alguien: Quiero ir en autobús porque es más barato.	31 EXPRESIONES ÚTILES Transporte y espectáculos Decir a alguien: Quiero ir en tren porque es más rápido.	30 EXPRESIONES ÚTILES Transporte y espectáculos Decir: El tren llega a la vía/al andén número cinco.
35 EXPRESIONES ÚTILES Transporte y espectáculos Preguntar a un amigo: ¿A qué hora empieza el concierto?	34 EXPRESIONES ÚTILES Transporte y espectáculos Preguntar en un cine: ¿Cuánto cuesta una entrada para el cine?	33 EXPRESIONES ÚTILES Transporte y espectáculos Comprar entradas: Me gustaría comprar dos entradas para el cine.

36 USEFUL EXPRESSIONS Transport & shows Asking a friend: At what time does the program end?	37 USEFUL EXPRESSIONS Transport & shows Asking someone in the train station: Do I need to change trains?	38 USEFUL EXPRESSIONS Transport & shows Asking in a tourist office: I need a map of the city please.
39 USEFUL EXPRESSIONS Transport & shows Asking in a train station: I need a train timetable.	40 USEFUL EXPRESSIONS shops Asking in a shop: Do you have apples?	41 USEFUL EXPRESSIONS shops Asking in a shop: How much does this shirt cost?
42 USEFUL EXPRESSIONS shops Asking in a shop: How much do these shoes cost?	43 USEFUL EXPRESSIONS Shops Asking and answering: What's your favourite subject/colour? My favourite subject/color is history/red.	44 USEFUL EXPRESSIONS shops Asking: Where can I buy a newspaper and a magazine?
45 USEFUL EXPRESSIONS shops I need to change this shirt. Can you do a refund?	46 USEFUL EXPRESSIONS shops What colour is this shirt? What size is it?	47 USEFUL EXPRESSIONS shops What brand is this bag?
48 USEFUL EXPRESSIONS shops Asking in a shop: I would like to hire two raquets for two people for two days.	49 USEFUL EXPRESSIONS shops Asking in a postoffice: I need a postcard please.	50 USEFUL EXPRESSIONS shops Asking in a post office: I need to buy a stamp to France, please.
51 USEFUL EXPRESSIONS shops Asking in a post office: I would like to send a parcel to Spain.	52 USEFUL EXPRESSIONS shops Asking in a post office: I would like to send a letter to Scotland.	53 USEFUL EXPRESSIONS shops Asking in a bank: I need to change money. I need too change pounds to euros.

38 **EXPRESIONES ÚTILES** <u>Transporte y espectáculos</u> Preguntar en la oficina de turismo: Necesito un mapa de la ciudad, por favor.	37 **EXPRESIONES ÚTILES** <u>Transporte y espectáculos</u> Preguntar a alguien en la estación de tren: ¿Necesito cambiar de tren?	36 **EXPRESIONES ÚTILES** <u>Transporte y espectáculos</u> Preguntar a un amigo: ¿A qué hora termina el programa?
41 **EXPRESIONES ÚTILES** <u>tiendas</u> Preguntar en una tienda: ¿Cuánto cuesta esta camisa?	40 **EXPRESIONES ÚTILES** <u>tiendas</u> Preguntar en una tienda: ¿Tiene manzanas? ¿Hay manzanas?	39 **EXPRESIONES ÚTILES** <u>Transporte y espectáculos</u> Preguntar en una estación de tren: Necesito un horario de tren, por favor.
44 **EXPRESIONES ÚTILES** <u>tiendas</u> Preguntar: ¿Dónde puedo comprar un periódico y una revista?	43 **EXPRESIONES ÚTILES** <u>tiendas</u> Preguntar y contester: ¿Cuál es tu asignatura/color favorito? Mi asignatura/color favorito es historia/rojo.	42 **EXPRESIONES ÚTILES** <u>tiendas</u> Preguntar en una tienda: ¿Cuánto cuestan estos zapatos?
47 **EXPRESIONES ÚTILES:** <u>Tiendas</u> ¿De qué marca es este bolso?	46 **EXPRESIONES ÚTILES:** <u>tiendas</u> ¿De qué color es esta camisa? ¿De qué talla es?	45 **EXPRESIONES ÚTILES** <u>tiendas</u> Preguntar y contestar: Necesito cambiar esta camisa. Puede devolver el dinero?
50 **EXPRESIONES ÚTILES** <u>tiendas</u> Preguntar en correos: Necesito un sello para Francia, por favor.	49 **EXPRESIONES ÚTILES** <u>tiendas</u> Preguntar en correos: Necesito una tarjeta postal, por favor.	48 **EXPRESIONES ÚTILES** <u>tiendas</u> Preguntar en una tienda: Me gustaría alquilar dos raquetas para dos personas para dos días
53 **EXPRESIONES ÚTILES** <u>tiendas</u> Preguntar en el banco: Necesito cambiar dinero. Necesito cambiar libras a euros.	52 **EXPRESIONES ÚTILES** <u>tiendas</u> Pedir en correos: Me gustaría enviar una carta a Escocia	51 **EXPRESIONES ÚTILES** <u>tiendas</u> Pedir en correos: Me gustaría enviar/mandar un paquete a España.

54 — USEFUL EXPRESSIONS — Hotel & tourism — I would like to book a double room for two nights with a bathroom for tomorrow.	55 — USEFUL EXPRESSIONS — Hotel & tourism — Asking in a hotel when you go without a booking: Do you have a room for two?	56 — USEFUL EXPRESSIONS — Hotel & tourism — Asking in a hotel when you go with a booking: Good night, I have a booking. Mi name is Pablo.
57 — USEFUL EXPRESSIONS — Hotel & tourism — Asking: At what time is breakfast?	58 — USEFUL EXPRESSIONS — Hotel & tourism — Asking in the hotel Is there a bathroom in my room? Is there room service?	59 — USEFUL EXPRESSIONS — Hotel & tourism — Asking in the hotel: Is there any place to eat?
60 — USEFUL EXPRESSIONS — Hotel & tourism — Asking and answering: Where are you staying? I am staying in a hotel/camping site/youth hostel for 3 nights.	61 — USEFUL EXPRESSIONS — Hotel & tourism — Calling a camping site: Is there any space in the camping site? I have a tent. I stay 3 nights.	62 — USEFUL EXPRESSIONS — Hotel & tourism — Calling a camping site: Is there any space in the camping site? I have a caravan. I stay for a week.
63 — USEFUL EXPRESSIONS — Hotel & tourism — Calling a camping site: Is there any space in the camping site? I have a car. I stay for fifteen days.	64 — USEFUL EXPRESSIONS — Hotel & tourism — Saying: I need to buy a souvenir for my family. I have to buy a present for my mother.	65 — USEFUL EXPRESSIONS — Hotel & tourism — Asking in a tourist office: I need a brochure of information.
66 — USEFUL EXPRESSIONS — Introductions — Asking and answering: Whats your name? My name is……..	67 — USEFUL EXPRESSIONS — Introductions — Asking and answering: How are you? I am fine, thank you. And you?	68 — USEFUL EXPRESSIONS — Introductions — Asking and answering: Where are you from? I am from England. I am English.
69 — USEFUL EXPRESSIONS — Introductions — Asking and answering: How many brothers and sisters do you have? I have……………	70 — USEFUL EXPRESSIONS — Introductions — Asking and answering: How old are you? I am…….. years old	71 — USEFUL EXPRESSIONS — Introductions — Are you married? I am married/single. I have a boyfriend/girlfriend.

56 **EXPRESIONES ÚTILES:** <u>Hotel y turismo</u> cuando tienes reserva Buenas noches, tengo una reserva. Me llamo Pablo/Mi nombre es Pablo.	55 **EXPRESIONES ÚTILES:** <u>Hotel & tourism</u> Prenguntar en un <u>hotel</u> cuando no tienes reserva: Tiene/hay una habitación doble/para dos personas?	54 **EXPRESIONES ÚTILES** <u>Hotel & tourism:</u> Me gustaría reservar una habitación doble para dos noches con un baño para mañana.
59 **EXPRESIONES ÚTILES** <u>Hotel & tourism</u> Un empleado potencial pregunta: ¿Hay algún sitio para comer?	58 **EXPRESIONES ÚTILES** <u>Hotel & tourism</u> Preguntar en el hotel ¿Hay baño en la habitación? ¿Hay servicio de habitaciones?	57 **EXPRESIONES ÚTILES** <u>Hotel & tourism</u> Preguntar: ¿A qué hora es el desayuno?
62 **EXPRESIONES ÚTILES** <u>Hotel & tourism</u> Llamar a un camping: ¿Hay sitio en el camping? Tengo una caravana. Me quedo una semana.	61 **EXPRESIONES ÚTILES** <u>Hotel & tourism</u> Llamar a un camping: Hay sitio en el camping? Tengo una tienda. Me quedo 3 noches.	60 **EXPRESIONES ÚTILES** <u>Hotel & tourism</u> ¿Dónde te quedas? O ¿Dónde te alojas? Me quedo/me alojo en un hotel/camping/albergue por/durante 3 noches.
65 **EXPRESIONES ÚTILES:** <u>Hotel & tourism</u> Pedir en una oficina de turismo: Necesito un folleto de información.	64 **EXPRESIONES ÚTILES** <u>Hotel & tourism</u> Decir: Necesito comprar un recuerdo para mi familia. Tengo que comprar un regalo para mi madre.	63 **EXPRESIONES ÚTILES** <u>Hotel & tourism</u> Llamar a un camping: ¿Hay sitio en el camping? Tengo un coche. Me quedo quince días.
68 **EXPRESIONES ÚTILES** <u>Presentaciones</u> Preguntar y contestar: ¿De dónde eres? Soy de Inglaterra. Soy ingles/inglesa.	67 **EXPRESIONES ÚTILES:** <u>Presentaciones</u> Preguntar y contestar: ¿Cómo estás? Estoy bien, gracias. ¿Y tú?	66 **EXPRESIONES ÚTILES** <u>Presentaciones</u> Preguntar y contestar: ¿Cómo te llamas? Me llamo............
71 **EXPRESIONES ÚTILES:** <u>Presentaciones:</u> ¿Estás casado/a? Estoy casado/a,-soltero/a. Tengo novio/a.	70 **EXPRESIONES ÚTILES** <u>Presentaciones</u> Preguntar y contestar: ¿Cuántos años tienes? Tengo.........años.	69 **EXPRESIONES ÚTILES:** <u>Presentaciones</u> Preguntar y contestar: ¿Cuántos hermanos tienes? Tengo ......hermanos.

72 USEFUL EXPRESSIONS Housework Asking a friend: I would like to make a phone call, please.	73 USEFUL EXPRESSIONS Housework Asking a friend: I would like to watch tv.	74 USEFUL EXPRESSIONS Housework Asking a friend: I would like to play videogames.
75 USEFUL EXPRESSIONS Housework Asking a friend: I would like to sleep. I am tired.	76 USEFUL EXPRESSIONS Housework I help at home. I iron two times per week and I cook dinner everyday.	77 USEFUL EXPRESSIONS Housework I help at home. I wash the dishes and walk the dog.
78 USEFUL EXPRESSIONS Housework Translate: My chores at home are taking out the rubbish and I hoover.	79 USEFUL EXPRESSIONS Presentaciones Asking and answering: Where do you work/study? I work/study in………	80 USEFUL EXPRESSIONS Presentaciones Asking and answering: Where do you work? I work in a supermarket.
81 USEFUL EXPRESSIONS School/work Asking and answering: How many students/peers are in your classroom/office? There are 50 students/peers.	82 USEFUL EXPRESSIONS School/work Asking and answering: How do you go to your job/school? I go to school/job by car.	83 USEFUL EXPRESSIONS School/work Asking and answering: How do you come back your job/school? I come back on foot.
84 USEFUL EXPRESSIONS School/work Asking and answering: At what time does your job/school start?. It starts at 9 a.m.	85 USEFUL EXPRESSIONS School/work Asking and answering: At what time does your job/school end?. It ends at 5 p.m.	86 USEFUL EXPRESSIONS School/work Asking and answering: How much do you earn? I earn 9 pounds per hour.
87 USEFUL EXPRESSIONS School/work Answer to a job offer: I would like to apply to the job	88 USEFUL EXPRESSIONS School/work Asking and answering: Where do you work? I work in a Supermarket	89 USEFUL EXPRESSIONS School/work Asking: How much is the salary? How much can I earn?

74 **EXPRESIONES ÚTILES** <u>Labores de casa</u> Preguntar a un amigo: Me gustaría jugar a videojuegos.	73 **EXPRESIONES ÚTILES** <u>Labores de casa</u> Pedir a un amigo: Me gustaría ver la television.	72 **EXPRESIONES ÚTILES** <u>Labores de casa</u> Preguntar a un amigo: Me gustaría usar el teléfono, por favor. o Me gustaría llamar por teléfono.
77 **EXPRESIONES ÚTILES** <u>Labores de casa</u> Yo ayudo en casa. Lavo los platos y paseo al perro.	76 **EXPRESIONES ÚTILES** <u>Labores de casa</u> Yo ayudo en casa. Yo plancho dos veces a la semana y hago la cena (=cocino) todos los días.	75 **EXPRESIONES ÚTILES** <u>Labores de casa</u> Pedir a un amigo: Me gustaría dormir. Estoy cansado.
80 **EXPRESIONES ÚTILES** <u>Colegio/trabajo</u> Preguntar y contestar: ¿Dónde trabajas? Trabajo en un supermercado.	79 **EXPRESIONES ÚTILES:** <u>Colegio/trabajo</u> Preguntar y contestar: ¿Dónde trabajas/estudias? Trabajo/estudio en……	78 **EXPRESIONES ÚTILES** <u>Colegio/trabajo</u> Traducir: Mis tareas de casa son sacar la basura y pasar el aspirador.
83 **EXPRESIONES ÚTILES** <u>Colegio/trabajo</u> Preguntar y contestar: ¿Cómo vuelves del trabajo/colegio? Vuelvo a pie.	82 **EXPRESIONES ÚTILES** <u>Colegio/trabajo</u> Preguntar y contestar: ¿Cómo vas al trabajo/colegio? Voy al colegio/trabajo en coche.	81 **EXPRESIONES ÚTILES** <u>Colegio/trabajo</u> Preguntar y contestar: ¿Cuántos estudiantes/compañeros hay en tu clase/oficina? Hay cincuenta estudiantes/ compañeros.
86 **EXPRESIONES ÚTILES** <u>Colegio/trabajo</u> Preguntar y contestar: ¿Cuánto ganas? Gano 9 libras a la hora. /por hora.	85 **EXPRESIONES ÚTILES** <u>Colegio/trabajo</u> Preguntar y contestar: ¿A qué hora termina tu trabajo/colegio? Termina a las cinco de la tarde.	84 **EXPRESIONES ÚTILES** <u>Colegio/trabajo</u> Preguntar y contestar: ¿A qué hora empieza tu trabajo/colegio? Empieza a las nueve de la mañana.
89 **EXPRESIONES ÚTILES** <u>Colegio/trabajo</u> Un empleado potencial pregunta: ¿Cuánto es el salario/sueldo? ¿Cuánto puedo ganar?	88 **EXPRESIONES ÚTILES** <u>Colegio/trabajo</u> ¿Dónde trabajas? Trabajo en un supermercado.	87 **EXPRESIONES ÚTILES** <u>Colegio/trabajo</u> Contestar a una oferta de trabajo: Me gustaría aplicar al trabajo

SECTION 6. ANSWERS

1. **PRACTICE THE REGULAR PRESENT TENSE**
1.1. Tomo/tomas/toma/tomamos/tomáis/toman. Como/comes/come/comemos/coméis/comen. Bebo/bebes/bebe/bebemos/bebéis/beben. Vivo/vives/vive/vivimos/vivís/viven.
1.2. The ending is "o".
1.3. All the endings excepting the ones for "nosotros/as: amos-emos-imos" and the ones for "vosotros/as: áis-éis-ís".
1.4. It is the formal "you" form.
1.5. "él and ella" – "ellos and ellas".
1.6. 1) Estudiamos. My brother and I (=we) study in a school. 2) Aprendo. I learn Spanish. 3) Enseña. He teaches English.
1.7. Vivo, beben, come, tomas, beben, viven, vivimos, beben, toma, beben, bebes, como, toma, comes.
1.8. Escucho, montas, descansa, nadamos, bailáis, sacan fotos.
1.9. Leo, compartes, vende, corremos, escribís, creen.
1.10. Desayuno/desayunas/desayuna/desayunamos/desayunáis/desayunan. Como/comes/come/comemos/coméis/comen. Ceno/cenas/cena/cenamos/cenáis/cenan.
1.11. 1. Comemos, 2. Desayuna, 3. Ceno, 4. Desayunáis, 5. Comes, 6. Coméis, 7. Viven, 8. Comemos.
1.12. 1. Como, 2. Bebo, 3. Desayuna, 4. Comemos or cenamos, 5. Cenan, 6. Como, 7. Comes.
1.13. 1. Llega, 2. Llevo, 3. Terminan, 4. Bajas/estudias, 5. Llegas/entras, 6. Empieza, 7. Subís/bajamos.
1.14. 1. Voy, al, en./ 2. Vuelves, a, en /3. Voy, de, a –/4. Llego, a /5. Sale, con /6. Vuelve, a, del / 7.viajan o van, de, a, vuelven, de, a.
1.15. 1. Él sube y baja las escaleras. 2. Salgo todos los viernes con mis amigos. 3. Tú vuelves a casa pronto. 4. Llegamos tarde al aeropuerto.

2. **PRACTICE THE REGULAR PRESENT TENSE, REFLEXIVE VERBS AND DAILY ROUTINE**
2.1. Answers:

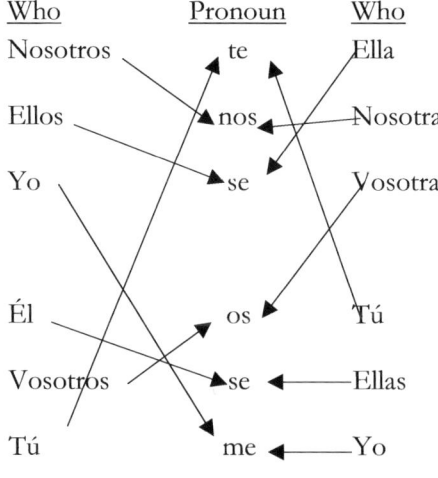

Who	Llamar(se)	To be named
Yo	Me llamo	I call myself
Tú	Te llamas	You call yourself
Él/ella/usted	Se llama	He/she calls himself/herself You formal call yourself
Nosotros/as	Nos llamamos	We call ourselves
Vosotros/as	Os llamáis	You call yourselves
Ellos/ellas/ustedes	Se llaman	They call themselves You formal call yourselves.

2.2. Me levanto/te levantas/se levanta/nos levantamos/os levantáis/se levantan.
Me baño/te bañas/se baña/nos bañamos/os bañáis/se bañan.
Me ducho/te duchas/se ducha/nos duchamos/os ducháis/se duchan.
Me lavo/te lavas/se lava/nos lavamos/os laváis/se lavan.
Me cambio/te cambias/se cambia/nos cambiamos/os cambiáis/se cambian.
Me arreglo/te arreglas/se arregla/nos arreglamos/os arregláis/se arreglan.

Me maquillo/te maquillas/se maquilla/nos maquillamos/os maquilláis/se maquillan.
Me afeito/te afeitas/se afeita/nos afeitamos/os afeitáis/se afeitan.
Me peino/te peinas/se peina/nos peinamos/os peináis/se peinan.
Me cepillo/te cepillas/se cepilla/nos cepillamos/os cepilláis/se cepillan.

2.3. 1.me, 2.nos, 3.os, 4.se, 5.os, 6.se, 7.me, 8. vosotros, 9. se, 10. nosotros, 11. os, 12. te.

2.4. 1.te-levantas-you get up, 2. Me-levanto-I get up, 3. Nos-levantamos-we get up, 4. Os-levantáis-you all get up, 5. Se-levantan-they get up, 6. Se-levanta-he gets up.

3. PRACTICE IRREGULAR PRESENT TENSE TYPE 1

3.1. Quiero/quieres/quiere/queremos/queréis/quieren.
Puedo/puedes/puede/podemos/podéis/pueden.
Pido/pides/pide/pedimos/pedís/piden.
Entiendo/entiendes/entiende/entendemos/entendéis/entienden.

3.2. Yo quiero nadar en una piscina./Ella quiere escribir una tarjeta./Nosotros queremos bailar en una discoteca en Ibiza/Tú quieres montar a caballo/Vosotros queréis cantar canciones/ Mi madre quiere montar en bici/Ellos quieren caminar en un parque bonito.

4. PRACTICE IRREGULAR PRESENT REFLEXIVE VERBS

4.1. Me despierto/te despiertas/se despierta/nos despertamos/os despertáis/se despiertan.
Me visto/te vistes/se viste/nos vestimos/os vestís/se visten.
Me acuesto/te acuestas/se acuesta/nos acostamos/os acostáis/se acuestan.
Me duermo/te duermes/se duerme/nos dormimos/os dormís/se duermen.
Me pongo/te pones/se pone/nos ponemos/os ponéis/se ponen.

4.2. Por la mañana se despierta a las siete, pero se levanta a las siete y media y desayuna. Después se ducha y se lava los dientes.

4.3. Ellos se acuestan a las nueve se duermen a las diez. Antes se ponen el pijama y cenan en la cocina. Se lavan los dientes por la noche.

5. PRACTICE IRREGULAR PRESENT VERBS TYPE 3 AND 4, INCLUDING "SER", "ESTAR" AND "TENER"

5.1. Soy/eres/es/somos/sois/son.
Estoy/estás/está/estamos/estáis/están.
Tengo/tienes/tiene/tenemos/tenéis/tienen.

5.2. a) soy, b) somos, c) es, d) eres, soy, e) es, es, f) es, son, g) sois, somos, h) es, i) soy, j) es, k) es.

5.3. a) estoy, b) está, c) estamos.

5.4. a) tiene, b) tengo, c) tenemos, d) tenéis, e) tienes, f) tienen, g) tiene, h) tiene, i) tenemos, j) tiene, tiene.

5.5. 1. Soy Pedro,2. Yo soy profesora, 3. Yo soy de España, 4. Yo soy española, 5. Yo soy simpática, 6. Yo soy morena, 7. Son cuatro manzanas, 8. El libro es de María, 9. María es mi hermana, 10. La mesa es de cristal, 11. Son las dos y media, 12. Es tres de mayo., 13. Mi hermana está en Madrid, 14. Mi hermana está cansada, 15. Mi hermana está casada, 16.Mi hermana está comiendo pasta, 17. Mi hermana tiene hambre/sed, 18. Mi hermana tiene miedo, 19. Mi hermana tiene vergüenza, 20. Yo tengo frío/calor, 21. Tú tienes paciencia, 22. Nosotros tenemos razón, 23. Tengo quince años y, 24. Tú tienes que comer.

5.6. 1. Es, 2. Tengo, tengo, 3. Estás, 4. Es, 5. Es, 6. Tienes, 7. Estoy, 8. Tengo, tienes, 9. Son, 10. Es, 11. Es., 12. Tiene, es.

5.7. 1. Elena es mi hermana., 2. Estás enferma., 3. Tenemos miedo de las alturas, 4. Soy de Madrid, pero estoy en Londres, 5. Tengo diez años, 6. Ellos están tristes, 7. Nosotros somos altos, 8. Tengo hambre, tengo que comer, 9. María tiene sed, ella tiene que beber, 10. Tengo vergüenza.

6. PRACTICE THE NUMBERS, DATES AND SEASONS

6.1. 43, cincuenta, dieciséis, 1, cinco, siete, treinta y dos, quinientos, 1.350, 2.019, 1.343.000, 303, 54.305, diecinueve, ciento uno, mil tres.

6.2. a) julio, b) verano, c) noviembre, d) primavera, e) veinticuatro, diciembre, f) catorce, febrero, g) invierno, h) año, doce, cincuenta y dos, trescientos sesenta y cinco.

6.3. a) Mi cumpleaños es el tres de enero, b) Hoy es lunes, cinco de julio, c) Nací el cuatro de febrero de mil novecientos setenta y tres, d) La fiesta es el próximo martes, ocho de marzo, e) el primer día del año es el uno de enero, f) Voy a París el próximo 15 de julio.

7. PRACTICE THE ARTICLES, DEMOSTRATIVES AND POSSESIVES, ESTAR, SER AND CLOTHS

1. Yo estoy aquí, 2. Él está ahí/allí, 3. Ella está aquí, 4. Ella está ahí/allí, 5. Ellos están aquí, 6. Tú estás ahí/allí, 7. Esta es una mesa, La mesa está aquí, 8. Ese es el sol, El sol está ahí/allí, 9. Ellos están ahí/allí, 10. Nosotros estamos aquí, 11. Vosotros estáis ahí/allí, 12. Este es un hombre, 13. Esta es una mujer, 14. Ese es un hombre, 15. Este hombre está aquí, 16. Ese hombre está ahí/allí, 17. Esta mujer está aquí, 18. Esa mujer está ahí/allí, 19. Este es un sombrero, Este sombrero está aquí, 20. Estos sombreros están aquí, 21. Esa es una gorra, Esa gorra está ahí/allí, 22. Esas son unas gorras, Esas gorras están ahí/allí, 23. a) Este lápiz está aquí, b) Estos corazones están aquí, c) Ese sol está ahí/allí, d) Esa taza está ahí/allí, e) Esas casas están ahí/allí, 24. Yo-mi, tú-tus, él-su or sus, nosotros-nuestro, vosotros-vuestro, ellos-su. 25. Nuestro/nuestra/nuestros/nuestras and vuestro/vuestra/vuestros/vuestras. 26. Él and ellos. 27.1. tus. 27.2.Mi. 27.3. nuestra, 27.4. vuestra, mis, 27.5.sus, mi. 28.2. Son nuestros sombreros. 28.3. Son tus guantes. 29.1. Nuestras faldas son rojas. 29.2. Mi uniforme es una camisa blanca, unos pantalones grises, una corbata y unos zapatos negros.29.3. Sus vaqueros son de la marca Levi's. 29.4. Tus zapatos son de la talla 42. 29.5. Yo quiero comprar un abrigo rojo para mi hermana. 29.6. Sus camisetas están en rebajas. 30.1. ¿De qué talla es esta chaqueta? Esta chaqueta es de la talla 42. 30.2. ¿De qué talla es esta camisa? Esta camisa es de la talla treinta y ocho. 30.4. ¿De qué talla es esta sudadera? Esta sudadera es de la talla mediana.30.5. ¿De qué marca son estas gafas? Estas gafas son de la marca Gucci. 30.6. ¿Cuánto cuestan las gafas y la sudadera? Cuestan treinta y cinco euros con sesenta céntimos (cada una).

8. PRACTICE THE FAMILY AND RELATED EXPRESSIONS.

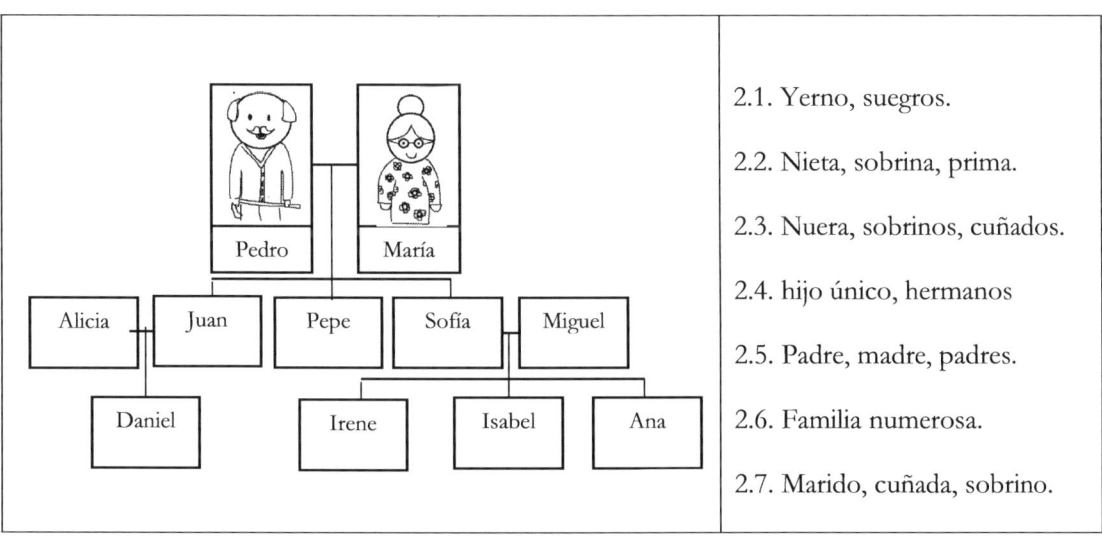

2.1. Yerno, suegros.

2.2. Nieta, sobrina, prima.

2.3. Nuera, sobrinos, cuñados.

2.4. hijo único, hermanos

2.5. Padre, madre, padres.

2.6. Familia numerosa.

2.7. Marido, cuñada, sobrino.

9. PRACTICE VERB "GUSTAR" AND SIMILAR VERBS.

9.1. 1) A mí me gusta la hamburguesa, 2) A mí me gusta la pizza, 3) A mí me gusta el chocolate, 4) A mí me gusta la cocacola, 5) A mí me gusta la ensalada, 6) A mí me gusta la pasta, 7) A mí no me gusta la cebolla, 8) A mí no me gusta el ajo, 9) A mí no me gusta la carne/el bistec, 10) A mí no me gustan los calamares.

9.2. Me, le, nos, te, nos, le les, le, les, os.
9.3. 1) Me>le, 2) gusta>gustan, 3) a mi madre, te>le, 4) nos>os, gustan>gusta 5) le>les, la>las, blanca>blancas
9.4. 1) ¿qué te duele?, 2) Me duele el brazo, 3) me duele la mano, 4) me duelen los pies, 5) me duelen los brazos, 6) me duele la espalda, 7) me duele la cabeza, necesito tomar una pastilla.
9.5. 1) Tengo tos, I´ve got a cough, 2) tengo una picadura, I´ve been bitten/stung, 3) estoy mareado, I´m dizzy/sick, 4) estoy enfermo, I´m ill, 5) estoy constipado, I´ve got a cold, 6) tengo una pierna rota, I´ve got a broken leg, 7) tengo gripe, I've got flue, 8) tengo fiebre, I´ve got a temperature, 9) tengo sueño , I am sleepy, 10) tengo nauseas, I am nauseus, 11) tengo un catarro, I've got a cold, 12) tengo frío, I am cold, 13) tengo calor, I am hot, 14) estoy curado, I am cured, 15) tengo diarrea, I am constipated, 16) tengo una insolación, I have got a heatstroke, 17) me siento mal/no me siento bien, I don't feel good.
9.6. 1) Le duele la rodilla, necesita una crema, 2) te duele la garganta, necesitas un jarabe, 3) nos duele el estómago, necesitamos pastillas/una pastilla, 4) me duele el pie, necesito una tirita.
9.7. Un jarabe – a syrup, una crema – a cream, tomar – take, una tirita, a plaster, una aspirina – an aspirine, agua – wáter, una pastilla – a tablet, ir al médico – go to the doctor, ponerte – to apply.
9.8. 1) pelo, 2) oreja/oído, 3) ojo, 4) nariz, 5) boca, 6) diente, 7) muela, 8) lengua, 9) cabeza, 10) cuello, garganta, 11) hombro, 12) brazo, 13) mano, 14) dedo, 15) codo, 16) estómago, 17) pierna, 18) tobillo, 19) dedo, 20) rodilla, 21) pie, 22) cuerpo.

10. PRACTICE THE WEATHER
10.1. 1) In summer it's sunny and it's hot, 2) In winter it's cold and it snows, 3) In spring it's good weather and it rains, 4) In Autumn it's windy and it's cloudy.
10.2. 1) hace calor, 2) llueve, 3) hace mal tiempo, 4) nieva.
10.3. 1) hace, 2) nothing, 3) hay, 4) nothing, 5) está, 6) hace, 7) hace, 8) hace, 9) hace, 10) está.
10.4. 1) llueve, 2) está nublado, 3) hay tormenta, 4) hace sol.

11. PRACTICE ROOMS OF THE HOUSE
11.1. 1) El cuarto de baño, 2) la cocina, 3) el comedor, 4) el dormitorio/la habitación, 5) el salón, 6) el estudio/la biblioteca/el despacho, 7) la terraza/el balcón/el jardín, 8) el garaje, 9) el balcón/la terraza, 10) escalera.
11.2. Ejemplo: Es una casa con jardín. Tiene una piscina en el jardín. En la casa hay tres plantas y un ático. En el ático hay un balcón. En la planta baja hay un garaje, un comedor y una cocina. En la primera planta hay un salón y un aseo. En la segunda planta hay un dormitorio, un estudio y un cuarto de baño. En todas las plantas hay una escalera.

12. PRACTICE FURNITURE AND WHERE THINGS ARE
12.1. Ejemplo: En la habitación hay un sofá. Encima del sofá hay una ventana que tiene unas cortinas. Delante del sofá hay una alfombra y una mesa. La alfombra está debajo de la mesa.
12.2. Toma la primera calle a la izquierda. Después toma la primera calle a la derecha y cruza la rotonda. OR Sigue la calle recto y toma la segunda calle a la izquierda. La librería está enfrente.

13. PRACTICE WHERE DO YOU LIVE
13.1. 1) la casa, 2) el piso, 3) el pueblo, 4) la ciudad, 5) en el centro de, 6) en las afueras de, 7) en la costa, 8) en las montañas.
13.2. Vivo en una casa en un barrio en las afueras de Londres llamado Ealing. Vivo en el sur de Inglaterra y en el suroeste de Londres. No vivo en la costa y mi casa no está en el centro de un pueblo/ciudad. Mi pueblo/ciudad no es limpio ni sucio.
13.3. 1) Pedro vive en un piso en una ciudad en el noreste de Madrid, 2) María vive cerca de las montañas en el campo, 3) Juan vive en Toledo, en el sur de Madrid, 4) Elena vive en una casa en el centro de Valencia.

14. PRACTICE THE PHYSICAL AND CHARACTER DESCRIPTION AND THE COMPARATIVES AND SUPERLATIVES
14.1. 1) El más alto es Juan or Juan es el más alto, 2) Laura tiene vergüenza, 3) La más delgada es Laura or Laura es la más delgada.
14.2. 1) tan, como, 2) menos, que, 3) más, que.
14.3. 1) Mi madre es simpática y generosa. 2) mi padre es más fuerte que mi hermano, pero es tan alto como él, 3) Mi hermana es alta, inteligente y guapa. Su pelo es más largo que el pelo de mi madre y es rubio.

I hope this book and resources helped you.

Your comments would be highly appreciated. Please write your review in amazon or send your comments to howtounlockspanish@gmail.com.

You can find other resources with exercises, reading stories, flashcards, games, etc:

>www.howtounlockspanish.com

Please write your review in amazon.

Printed in Great Britain
by Amazon